国家体育总局备战奥运会科研攻关与科技服务项目（编号：2015H7010）

中国女篮体能训练理论与实践

潘志国　著

北京体育大学出版社

策划编辑：王英峰
责任编辑：王英峰
责任校对：孙　静
版式设计：久书鑫

图书在版编目（CIP）数据

中国女篮体能训练理论与实践 / 潘志国著. -- 北京：北京体育大学出版社，2023.1
ISBN 978-7-5644-3773-2

Ⅰ. ①中… Ⅱ. ①潘… Ⅲ. ①篮球运动－身体训练－研究－中国 Ⅳ. ①G841.2

中国国家版本馆 CIP 数据核字(2023)第 005888 号

中国女篮体能训练理论与实践　　潘志国　著
ZHONGGUO NÜLAN TINENG XUNLIAN LILUN YU SHIJIAN

出版发行：北京体育大学出版社
地　　址：北京市海淀区农大南路 1 号院 2 号楼 2 层办公 B–212
邮　　编：100084
网　　址：http://cbs.bsu.edu.cn
发 行 部：010–62989320
邮 购 部：北京体育大学出版社读者服务部 010–62989432
印　　刷：三河市龙大印装有限公司
开　　本：710 mm×1000 mm　1/16
成品尺寸：170 mm×240 mm
印　　张：13.5
字　　数：180 千字
版　　次：2023 年 1 月第 1 版
印　　次：2023 年 1 月第 1 次印刷
定　　价：98.00 元

序

2013年春节刚过，在恩师李元伟教授的推荐下，我有幸到中国国家女子篮球队（以下简称中国女篮）进行工作调研。当时的工作调研主要有两个任务：第一，协助中国女篮体能教练完成相应的工作；第二，为我的博士论文选题做好铺垫。经过半年多的工作实践，我顺利完成了上述两个任务，向国家篮球运动管理中心递交了《中国女篮体能训练报告》。在此基础上，我确定了以“中国女篮专项体能训练”作为我的博士论文选题。

在中国女篮工作调研的过程中，我一直在思考如何改进中国篮球专项体能训练的问题。在篮球运动100多年的发展历程中，推动篮球运动发展的内在动力是无数篮球运动员对篮球运动本质——“强力对抗下的准确”的永恒追求。篮球运动强力对抗的关键是体能，而体能恰恰是中国竞技篮球的短板，体能薄弱反映出中国竞技篮球在体能训练方面存在的诸多问题。体能教练艾尔·比安卡尼的成功经验给我们破解篮球专项体能训练问题提供了实用的方法。

艾尔·比安卡尼是一位理论与实践并重的篮球体能训练专家，他在中国女篮备战2008年北京奥运会的关键时刻，应邀担任中国女篮体能教练，中国女篮夺取北京奥运会第四名的优异成绩他发挥了重要作用。艾尔·比安卡尼曾在加利福尼亚州立大学获得体育教育学学士和硕士学位，并在犹他州立大学获得体育教育学博士学位，参与编写了众多有关体能训练的著作，具备扎实的体能训练理论功底。作为一位具有40余年从业经历的美国体能训练协会

（NSCA）资深教练，艾尔曾在美国职业篮球联赛（NBA）萨克拉门托国王队担任体能教练18个赛季，在美国女子职业篮球联赛（WNBA）萨克拉门托君主队担任体能教练17个赛季，2005年担任萨克拉门托君主队体能教练并帮助球队获得联赛冠军。2006—2012年担任中国女篮体能教练，其间还担任U17、U18中国男/女篮体能教练。

艾尔对中国竞技篮球体能训练中存在的问题有深刻的感悟，他指出，中国竞技篮球在体能训练中存在的最主要问题是训练理念陈旧，在训练实践中具体表现为体能教练不知道如何用科学的周期安排来解决篮球体能训练中的两个根本问题：第一，力量素质与其他各种素质发展之间的矛盾问题；第二，能量代谢系统之间的矛盾问题，即发展有氧与无氧供能能力的矛盾问题。

他山之石，可以攻玉。笔者借助在中国女篮工作调研的机会，对艾尔进行了深入访谈，查阅了艾尔出版的有关篮球体能训练的著作及其执教中国女篮2006—2012年度的体能训练计划，同时与中国女篮一队主教练汤姆·马赫、中国女篮二队主教练王桂芝及诸多国字号篮球教练员多次交流，了解美国篮球体能训练理念、方法与特征，尝试为中国篮球体能训练中存在的问题提供解决思路与方法。

本书共分为五章。第一章是基础理论部分，介绍了中国女篮体能训练的相关理论，其可以帮助不同水平的篮球运动员和教练员建立系统的理论知识体系。第二章构建了中国女篮体能训练系统，通过对传统体能概念的思考，对欧美语境下的体能概念进行释义，重新界定体能概念。第三章概括了中国女篮体能训练内容体系，包括体能测试与评估、热身及放松活动、代谢能力训练、力量训练、速度训练、超等长肌肉训练、灵敏训练及康复性体能训练。第四章归纳了中国女篮体能训练的特征，提出了基于“力量主导”的中国女篮体能训练的思想与方法，旨在帮助各级篮球教练员和运动员厘清篮球体能训练的本质特征。第五章总结了中国女篮体能训练的周期安排，阐述了中国女篮体能训练周期安排的金字塔模型，中国女篮正是运用金字塔模型成功地解决了力量与各项素质发展、有氧与无氧供能能力协调发展的主要问题。

在完成本书之际，我要感谢恩师李元伟教授，李老师的鼓励与支持让我在中国女篮顺利完成了工作调研，正是这段难得的经历为本书的成稿奠定了坚实的基础；感谢中国女篮体能教练艾尔、凯文和主教练汤姆·马赫及王桂芝、许利民等，是他们的关心和帮助让我对中国女篮体能训练的理论与实践有了系统的认知；感谢我的妻子赵丽，是她在生活上给予的关心与照顾，在精神上给予的支持与鼓励，让我有足够的精力从事自己喜欢的专业研究；特别感谢运城学院体育系学科组对本书出版工作的帮助。

潘志国

2022 年 8 月

目　录

第一章

中国女篮体能训练的理论基础

第一节　中国女篮体能训练的哲学基础

整体观作为一种直观的把握世界的思维方式，无论在东方还是西方，早已有之。在西方，这种思维方式可以追溯到古希腊时期的自然哲学。随着以伽利略、牛顿为代表的经典自然科学思维方式在近代取得的巨大成功，西方人的理性思维进入了一个以分析主义和还原论思潮为主导的全盛时期。这种以分析主义和还原论为思潮的思维方式，是一种机械的整体观。这种整体观认为，整体是部分的结果，整体等于部分之和。然而，自然科学在20世纪的发展（量子力学和相对论的物理学革命），逐渐动摇了这种机械的整体观。科学的发展使人们在认识事物的过程中，寻求一种新的整体观来代替原有的机械的整体观。于是，西方人的视野转向了东方中国传统思维“天人合一”的整体观。科学的发展必将促进东西方文化的融合，人们认识事物的思维方式必然要经历整体—还原—整体的自然循环，但这种循环的结果一定是不可分离的、部分依赖整体才能存在的新的整体观，代替可以分离分割的、整体是部分的结果的机械整体观。我国体能训练的发展过程就是新的整体观代替机械整体观的一个思维转变过程。

卡普拉认为，我们这个时代所面临的各种重大问题，都是同一场危机的各个不同方面，这场危机在本质上是一场观念（认知）危机，正如发生在20年代的物理学危机一样，也是由于我们试图把一个过时的世界图景——笛卡尔—牛顿力学世界图景的各种概念，应用于一个再也无法用这些概念来理解的实在而引起的[①]。卡普拉在《转折点——科学、社会和正在兴起的文化》一书中提出的观点，对竞技体育领域中的体能训练具有重要的启迪作用。竞技体育领域中的体能训练相关问题，就其本质而言，是一场观念的危机。在体能训练传统与现代的对话中，一些训练领域的专家已经开始运用哲学的思维来分析体能训练领域中存在的一些现象。李少丹从复杂性科学的角度出发，提出传统的体能观念与体能训练框架是在机械还原论思维的影响下形成的，在新的科学技术不断发展、新的训练方法手段不断涌现的当下，运动训练本身的复杂性与机械还原论的简单思维之间的矛盾已经产生，如果矛盾得不到解决，其结果必然是运动成绩的停滞不前、运动损伤的不断增加，而造成这种矛盾的本质就是观念的危机[②]。茅鹏立足一元训练理论，对运动训练领域以体能与技术所构建的二元训练理论进行反思与追问，提出体能与技术本是运动训练领域一个问题的两个方面[③]。这样的观点本无可厚非，但不能忽视一个基本的事实：传统还原论思维影响下的以体能与技术所构建的二元训练理论在训练实践中所发挥的作用，体能训练的历史演变也佐证了这样的思维方式在不同历史时期对运动员竞技能力的提高所发挥的作用。一元与二元本无所谓好坏，只是不同思维在不同情境下的表现而已，一元究其实质是从整体观的视角看待问题，二元是从分类的角度看待问题，涉及运动训练领域，综合与分类都是必要的，但从历史发展的视角来看运动训练本身便充满复杂性，只有立足于整体观的视角寻求训练内在规律，根据运动训练的内在规律进行科学的分类，才能最大限度地提高运动员的竞技能力。

① 弗里乔夫·卡普拉. 转折点——科学、社会和正在兴起的文化[M]. 卫飒英，李四南，译. 成都：四川科学技术出版社，1988：1-2.

② 李少丹. 超越简单性范式，厘清体能训练思路[J]. 北京体育大学学报，2009，32（11）：103-106.

③ 茅鹏，严政，程志理. 一元训练理论[J]..体育与科学，2003（04）：5-10.

第二节 中国女篮体能训练的训练学基础

一、周期训练理论

毋庸置疑，任何一个有责任心的教练员在训练实践中都会积极尝试建立一套能够达到最佳效果的训练体系。他们的努力集中反映在以下三个领域：第一，如何在一段足够长的时期内设计一套行之有效的训练计划；第二，怎样最佳地实施一个训练计划；第三，怎样准确地在主要竞赛时期内实现所有运动能力的最佳组合。这些问题都可以归结为训练周期问题[①]。苏联运动训练专家马特维耶夫正是立足于游泳、田径、举重等项目备战世界大赛的训练与比赛实践，通过对以上三个领域进行深入的理论思考，提出了对世界竞技体育领域影响深远的周期训练理论。随着竞技体育的发展，马特维耶夫的周期训练理论需要适应当前竞技体育比赛量大、频率增加的发展趋势，以促进高水平运动员专项能力的进一步提高。篮球作为一项同场对抗性的集体项目，如何建立一套能够达到最佳训练效果的训练体系，必须结合训练实践的成功经验对以上三个问题进行深入思考，才能找到满意的答案。从本研究出发，虽然马特维耶夫的周期训练理论无法完全解决中国女篮体能训练的实际问题，但是他提出的周期训练理论对构建中国女篮专项体能训练周期模型最为重要的贡献是“周期”这一术语及其所蕴含的整体思维。它反映了传统训练方法中最有价值的部分，体现了运动训练实践中训练组织与安排的主导思想。也正是因为这一术语所形成的理论积淀，苏联学者维尔霍尚斯基在大量、长

① 陈小平. 对马特维耶夫“训练周期”理论的审视[J]. 中国体育科技，2003，39（4）：6–10，51.

期试验的基础上，提出了板块训练理论。在周期训练理论基础上发展起来的板块训练理论对构建中国女篮专项体能训练周期模型同样具有重要的启示。

二、板块训练理论

如果说传统的周期训练理论是作为运动员训练计划和训练准备的一种普遍方法而形成的，那么板块训练理论则反映了许多杰出教练员的成功经验及他们对顶尖水平运动员长期研究的成果。板块训练理论的主要思想是运用依次的专门化的中周期——板块，在不同的中周期，将高度集中的训练负荷聚集在少数运动和技术能力的训练上。与传统训练周期理论多种能力同时发展的理念不同的是，这种非传统的板块训练理论为训练提供了改善靶目标能力的方法。这些板块训练的合理排序建立在训练痕迹效应的基础上，即训练停止后仍然存在的训练效果所维持的时间。当运动员要改善他们的能力，而并不像传统训练模式那样同步发展时，这些训练的痕迹效应就会显得尤为重要。

板块训练理论运用了中周期自身原有的分类，把一个训练阶段分为三个中周期，即三个不同目标的板块类型：第一个板块类型是发展基础运动能力和技术能力，训练内容主要是有氧能力、肌肉力量和基本技能；第二个板块类型是发展专项能力，训练内容主要是无氧供能能力、有氧与无氧供能结合能力和更加专项化的技术能力；第三个板块类型是发展最大速度、专项技术和充分的赛前适应准备[①]。板块训练理论的分类思想与传统周期训练理论将训练周期的时间作为核心思想的做法形成鲜明的对照。

在中国女篮的体能训练实践中，所有训练计划的组织与安排，其最终目的是提高运动员的专项体能，为全队的技战术服务，而在中国女篮体能训练计划制订过程中，不可回避的问题是如何发展运动员的专项体能。中国女篮，

① ISSURIN V. 板块周期：运动训练的创新突破[M]. 王乔君，毕业，陈飞飞，译. 北京：北京体育大学出版社，2011：15–16.

作为高水平运动员群体，对专项体能的要求是在整场比赛中，运动员能够一直保持跑得快、跳得高、对抗强、变向快。若要达到这一专项体能要求，传统的同时发展多种竞技能力的周期训练理念在解决这一问题的过程中就遇到了难以突破的瓶颈。板块训练理论为这一问题的解决提供了思路，但具体到中国女篮的体能训练实践，还需要运用整体观的思维，结合专项特征，运用板块周期安排的理念，科学合理划分板块，确定板块的主导训练模式，构建中国女篮专项体能训练周期理论模型。

三、功能训练理论

从本质上来讲，功能就是目的。功能训练也就是有目的的训练。功能训练被很多运动员和教练员等同于专项训练，这显然走入了一个误区，这种误区必将导致训练方向的错误。事实上，功能训练可以视为一般训练，对于运动训练而言，功能训练理论更加重视运动项目的相似性而不是差异性。冲刺、跳跃、横向移动等动作对于多数运动项目而言，都是必须掌握的技能。比如，在功能训练中，篮球运动员和足球运动员的速度训练是相似的，高尔夫球、网球、冰球等运动项目的核心力量训练也都是相似的。相比之下，功能训练更加重视运动项目的共性。

功能训练是新事物，许多专业人士在体能训练领域存在诸多认知方面的误区，为了更加精准地理解功能训练的概念，我们尝试提出几个简单的问题。有多少运动项目是需要坐着完成比赛的？仅仅只有赛艇等极少数项目的运动员是坐着完成比赛的，因此，对于大多数运动而言，在坐姿状态下训练肌肉力量从功能训练的角度而言是没有意义的。有多少运动是在一成不变的环境中完成的？大多数运动是在规则规定的场地中完成比赛的，稳定性是由运动员而不是由外部环境决定的。由此得出，从功能训练的角度而言，许多基于器械的训练是没有意义的。固定器械训练的支持者认为器械训练更加安全，但我们需要权衡利弊：基于固定器械的训练相对比较安全，几乎不会产生损伤，但缺少本体感觉和稳定性的固定器械训练会导致比赛场上更多的运动损伤。还有一个问题：有多少运动技能是单关节完成的？答案是没有。功能训练尝试专注于多关节运动。功能训练专家弗恩·甘比塔（Vern Gambetta）和加里·格雷（Gary Gray）认为，孤立的单关节肌肉力量训练从功能训练的角度而言没有任何意义，而经过整合的多肌肉群的、多关节的动作模式很有意义①。体能训练的一个目标是减少运动损伤。如果一个教练员的训练体系可以减少训练中的运动损伤而不能减少比赛中的运动损伤，那这样的训练体系是没有意义的。

简而言之，功能训练教会运动员如何控制自己的身体。功能训练有意识地把平衡和本体感觉融入训练中。弗恩·甘比塔和加里·格雷认为，功能训练计划需要引入大量的非稳定性的训练内容来提高运动员的稳定性。比如，单腿动作模式提供的非稳定性状态需要运动员具备很好的平衡能力，在非稳定状态下的力量展现是力量的最高表达。

功能训练是一种基于平衡的训练和训练的平衡体系。功能训练强调动作的训练而非肌肉的训练。功能训练不强调过度发展某一动作模式的力量，而是强调推和拉力量之间的平衡，强调膝关节主导的髋关节伸展和膝关节主导的膝关节伸展力量的平衡，即股四头肌和腘绳肌之间力量的平衡。在中国女篮体能训练实践中，诸多运动训练手段的设计和应用都是基于功能训练理论。

---

① 转引自 BOYLE M. Functional Training for Sports[M]. Champain：Human Kinetics Profe，2003：1–5.

第三节　中国女篮体能训练的生物学基础

一、肌纤维类型理论

骨骼肌由成束的肌纤维组成。一般来说，肌纤维可分为两种类型：慢缩肌纤维（Ⅰ型）和快缩肌纤维（Ⅱ型）。快缩肌纤维可以分为ⅡA 型和ⅡB 型。肌纤维的差异影响着肌肉对训练活动做出的反应，且每一种肌纤维在肌肉的收缩能力上都有各自的特点。人体的肌肉是慢缩肌纤维与快缩肌纤维的混合物，这是由基因决定的。一般来说，用于运动的大部分肌肉由 50%的慢缩肌纤维和 50%的快缩肌纤维构成。慢缩肌纤维对于使用氧气产生更多能量的过程有成效，这种能量供应适用于长时间持续的、扩大范围的肌肉收缩。慢缩肌纤维比快缩肌纤维能量消耗得慢，在能量耗尽之前可以持续很长一段时间。因此，慢缩肌纤维对于马拉松运动员及长距离自行车运动员有很大的帮助。快缩肌纤维是用无氧代谢来产生能量的，因此与慢缩肌纤维相比，快缩肌纤维在产生短时间的爆发力和速度方面具有很大的优势，但是，能量消耗也快。在每一次肌肉收缩的过程中，快缩肌纤维和慢缩肌纤维产生的能量大致相同，只是快缩肌纤维产生的能量消耗更快。拥有更多的快缩肌纤维对短跑运动员来说具有重大的意义，因为它需要在短时间内产生更多的能量。

ⅡA 型肌纤维也称中间快缩肌纤维，它们用有氧和无氧两种方式来产生能量。从这一特点来看，这类肌纤维是Ⅰ型和Ⅱ型肌纤维的结合体。ⅡB 型肌纤维利用无氧代谢产生能量，由于其在产生爆发性的速度方面特别突出，也被称为“一流”的快缩肌纤维。在所有的肌纤维类型中，此类肌纤维具备最高速率的肌肉收缩，但是能量消耗也非常快，持续时间短，需要安排间歇休息时间。

从能量代谢的角度分析，篮球是一项持续性与间歇性并存的高强度的无氧与有氧混合供能的运动。无氧糖酵解供能在篮球比赛中占到80%以上，而ⅡA型肌纤维可作用于相对高强度下长时间的无氧活动，可以说它正是篮球比赛所需要的。因此，在中国女篮专项体能训练的组织安排中，如何高效率地发展ⅡA型肌纤维的能量供应能力，是提高中国女篮专项体能的关键所在。

二、能量代谢理论

图1–1显示了人体不同运动时间的能量代谢特征。人体在各种运动中所需要的能量分别由三种不同的能源系统供给，即磷酸原系统、酵解能系统和氧化能系统。磷酸原系统又称ATP（三磷酸腺苷）–CP（磷酸肌酸）系统，该系统主要由结构中带有磷酸基团的ATP、CP构成，由于在供能代谢过程中发生磷酸基团的转移，故称为磷酸原系统。ATP在肌肉运动中直接分解供能，为维持ATP水平，保持能量的连续性供应，CP在肌酸激酶的作用下，再合成ATP。底物为ATP和CP时可供运动时间为6～8秒，或者小于10秒。ATP的代谢产物为CP，CP和ADP（二磷酸腺苷）反应生成ATP+C。酵解能系统又称乳酸能系统，是运动中骨骼肌糖原或葡萄糖在无氧条件下酵解，生成乳酸并释放能量供肌肉利用的能源系统。在极量强度运动的开始阶段，该系统即可参与供能，在运动的30～60秒供能速率达最大，维持运动时间2～3分钟，代谢产物为肌糖原→乳酸。酵解能系统和磷酸原系统共同为短时间高强度无氧运动提供能量。中距离跑等运动持续时间在2分钟左右的项目，主要由酵解能系统供能，而篮球、足球等非周期性项目，在运动中加速、冲刺时的能量也由磷酸原和酵解能系统供能。氧化能系统又称为有氧能系统。该能源系统以糖和脂肪为主，尽管其供能的最大输出功率仅为酵解能系统的一半，

但其贮备量丰富，维持运动的时间长，成为长时间运动的主要能源（糖类可达 1.5～2 小时，脂肪可达更长时间）。代谢产物：糖＋氧气→二氧化碳＋水、脂肪＋氧气→二氧化碳＋水、蛋白质＋氧气→二氧化碳＋水＋尿素。

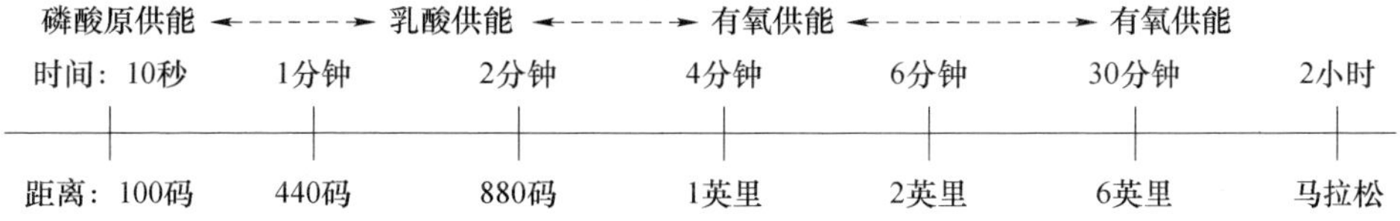

1 码≈0.91 米

1 英里≈1.61 千米

图 1－1　不同运动时间人体能量代谢特征，箭头表示不同能量代谢系统的转变

高水平的篮球比赛需要运动员具备强大的代谢能力。具备强大的代谢能力可以让运动员充分发挥技战术水平，提高全队赢球的概率。反之，较弱的代谢能力则使运动员的疲劳加速，限制运动水平的发挥，如防守变慢、投篮失准、战术执行力差等。在中国女篮集训阶段，运动员的代谢能力训练不仅仅是进行篮球比赛，还包括一些田径训练的手段和篮球专项代谢能力的训练。

篮球运动要求运动员在短暂的间歇过程中重复高强度的动作。研究表明，篮球运动员的能量代谢 85% 依靠无氧供能，15% 依靠有氧供能。无氧代谢能力强的运动员具备在高强度的训练和比赛中快速恢复体能的能力，从而保证在比赛中能够实现较高竞技水平的发挥。

第四节 中国女篮体能训练的心理学理论

篮球比赛需要运动员在身体、心理和精神层面实现高度的统一。心理训练无法代替体能训练，但心理训练对体能训练的影响极其重要。心理训练在中国女篮训练实践中的重要作用主要体现在：心理训练架起了体能与精神之间的桥梁，从而使体能、心理与精神在训练与比赛中实现高度融合。中国女篮在体能训练实践中主要采用的心理学理论是时间导向（time-orientation）理论。时间导向是个体在时间维度上的方向指向性，表现为个体在过去、现在和将来三个时间维度上的心理倾向性。时间导向理论在第四章中有详细表述。

第二章

中国女篮体能训练系统的构建

第一节　体能与体能训练的新认知

一、对传统体能概念的思考

概念是反映对象本质属性的思维形式。人类在认识过程中，从感性认识上升到理性认识，把所感知的事物的共同本质特点抽象出来加以概括，就成为概念。概念是随着社会历史和人类认识的发展而发展的。我们构建概念归根结底是为了把握直观。对于体能概念的构建归根结底是为了把握体能训练实践的本质特点。从体能概念的文献综述中我们可以看出，当前对于体能训练实践影响比较深远的是2000年版的《运动训练学》对于体能的论述。由于学界主流观点的影响，当我们谈及体能及体能训练时，头脑中的思维影像必然是“形态、机能与素质”的理论框架。不可否认，“形态、机能与素质”的体能认知对体能训练实践产生了深远的影响，然而，这样的理论框架对体能训练实践的直观作用，随着体育科学与运动训练实践的发展显得过于全面，很难抓住问题的本质，这就使原有的理论框架陷入困境。李少丹从复杂性学科的视角出发，指出传统的体能训练理论把原本整体的体能以还原论的思想分为力量、速度、耐力、灵敏、柔韧、协调等子能力及形态与机能，这种还原论的分类思想在运动训练领域曾经被证明是极为有效的，但随着职业体育的发展，传统的体能训练理论受到了前所未有的挑战，很难解释训练实践中遇到的一些问题，预示着对传统体能训练理念提出了超越性的要求[①]。因此，我们需要反思与探讨，尝试以新的视角重新思考体能的概念，重构体能概念的理论框架，为解决体能训练实践中的问题提供一种新的理论视角。

德国著名训练学专家哈特曼（Hartmann）等在1995年提出，体能是以人体三大供能系统的能量代谢活动为基础，通过骨骼肌系统表现出来的运动能力。哈特曼关于体能的认知对解决体能训练中遇到的实际问题具有直接的理论导向作用。陈小平指出我国运动训练领域存在的主要问题是对专项特征的认识不足[②]。对专项内在特征的把握主要从神经、肌肉系统和能量代谢系统考虑，哈特曼在其体能理论框架中指出了发展神经、肌肉系统与能量代谢系统的重要性，但我们传统的体能理论框架显得比较含蓄，以“机能”涵盖全部。不可否认，我们对专项特征认识的不足很大一部分是因为传统体能理论框架的制约与束缚。黎涌明认为项群训练理论的提出凸显了体能这一概念的重要性，但体能主导类和技能主导类的项群划分在一定程度上削弱了体能和技能的整体性，造成国内大部分体能类项目忽视动作的正确性和技术的合理性，技能主导类项目忽视动作和技术训练对神经肌肉系统和心肺系统的刺激效果。在此基础上，有学者提出从动作和能量代谢两个维度重新认识体能与体能训练。袁守龙在研究国际体能训练发展趋势的基础上，提出了体能训练的新观点。他认为体能训练是以显示训练目标为指引，不断提高神经系统动员肌肉群的输出功率，提高技术动作效率，优化训练效益；现代体能训练是以动作模式为基础，不断提高人体多种类、多平面、多系统的协同控制能力；体能训练的内容要素包括功能动作筛查、动作准备、核心力量、动力链训练、脊柱功能、能量再生训练、快速伸缩复合训练、单项多项速度、对抗训练等；

① 李少丹. 超越简单性范式，厘清体能训练思路[J]. 北京体育大学学报，2009，32（11）：103－106.

② 陈小平. 论专项特征——当前我国运动训练存在的主要问题及对策[J]. 体育科学，2007，27（2）：72－78.

体能训练的功能结构是提高能力、动态恢复、防治伤病三位一体；体能训练的方法以门类繁多、甄别选择、优化创新、动态组合为特征[①]。

通过分析以上学者对于体能与体能训练的认知，我们注意到神经肌肉系统、能量代谢系统及动作模式是现代体能训练的关键因素。在体能训练实践中，我们需要根据项目特征来选择动作模式进行体能训练，但对项目特征的准确理解不应停留在专项运动的外形上，而应该深入到神经与肌肉的内在运动水平层面。运动项目的外在特征只能反映运动结果，而造成这种结果的原因主要在于机体的神经肌肉系统和能量代谢系统。因此，只有抓住了运动项目神经肌肉系统的工作模式及能力代谢系统的特征，才能抓住项目的本质特征；只有基于对项目特征的深刻理解，才能选择适宜的动作模式进行高效的体能训练。

二、对“strength and conditioning”的释义

体能训练一直是我国竞技体育与运动训练领域的薄弱环节。自 2006 年起，国家体育总局通过“引进来”和“走出去”的方式，不断学习国外先进的体能训练理念与方法，改善我国竞技体育与运动训练领域中的这一薄弱环节。在这一背景下，美国体能训练理念与方法成为我们学习与引进的对象。时至今日，美国体能训练的理念与方法已经开始影响我国各个项目的体能训练实践，然而，在学习与引进美国体能训练先进理念与方法的同时，我们不可回避的一个问题就是对“strength and conditioning”语义的理解。在对教练员进行访谈的过程中，我们发现一线教练员并不理解“strength and conditioning”的内涵，而很多的学者对它的理解也大为不同。下面，我们从三个方面对“strength and conditioning”进行解读。

① 袁守龙. 现代体能训练发展趋势与对策[J]. 体育成人教育学刊，2014，30（01）：40-43.

（一）从词源的角度来理解“strength and conditioning”的含义

从字面看，“strength”一词很容易理解，其所表达的意思是力量，但对于“conditioning”，则需要从词源上进行辨析。“conditioning”的词根是“condition”，商务印书馆出版的《牛津高阶英汉双解词典》对“condition”的解释是“present state of a thing”，即某一事物的现状。例如，形容某一事物可以用“be in good，poor，excellent condition”，即某一事物处于好的、坏的、极佳的状态。“conditioning”是“condition”的分词形式，意思是某一事物的正在进行和发展着的状态。中国女篮主教练汤姆·马赫提出决定运动成绩的因素是“physical conditioning，psychology conditioning，mental conditioning and motor learning”，前三个因素都使用了“conditioning”这一词语，我们可以把它翻译为运动员的身体状态、心理状态和精神状态①。

（二）从经典著作中解读“strength and conditioning”的含义

美国体能训练协会（National Strength and Conditioning Association）使用“strength and conditioning”这一词汇必然有其深意。在竞技体育与运动训练领域，国内学者在翻译“strength and conditioning”时，有三种方式：其一，较多学者把“strength and conditioning”翻译为力量与体能训练；其二，直接翻译为体能训练；其三，少数学者翻译为力量训练及其素质。从语言文化的视角来看，把“strength and conditioning”翻译为体能训练更有利于沟通与交流，但不管使用哪种翻译方式，我们都应该对“strength and conditioning”所表达的内涵有深刻的理解。本文选取美国体能训练协会推荐的《篮球体能训练全书》（*Complete Conditioning for Basketball*）一书，运用文本细读的方法

① 潘志国. 汤姆·马赫执教理念之研究[J]. 湖北体育科技，2015，34（07）：609-611.

对“strength and conditioning”进行解读。在《篮球体能训练全书》一书中，我们将“conditioning”一词出现的方式及所表达的内容归为两类。

第一，广义基础上的“conditioning”。我们列举三个例子来说明，其一，从字面意思来理解，该书的书名可以翻译为《篮球全面体能训练》。其二，该书的序言是现任马刺队主教练波波维奇写的，在序言中，波波维奇使用“conditioning”一词。“the conditioning coaches in NBA”，我们可以翻译为NBA的体能教练，但紧接着波波维奇谈论体能教练迈克·布伦希尔德（Mike brundgardt）时说，“He is the only strength and conditioning coach the spurs have ever had”，我们可以翻译为体能教练，但从波波维奇的用词上，我们可以看出“strength and conditioning”是一个完整的、准确的表达方式，可以看出NBA特别重视力量训练。其三，书中提到“Complete conditioning for basketball includes all the components covered in this book：strength，power，agility，quickness，flexibility，and anaerobic conditioning”①，我们可以看出篮球运动员的体能训练包括力量、爆发力、灵敏、速度、柔韧和无氧能力。第二，狭义基础上的“conditioning”。在该书中，第三章名为“Conditioning”，主要论述了两个方面的内容：其一，篮球运动员的能量代谢系统（energy for performance）；其二，篮球专项体能训练手段（basketball-specific conditioning drills on the court）。由此，我们可以看出美国篮球体能训练领域对篮球运动员体能训练的狭义理解，是基于专项能量代谢的专项动作模式的组织、安排和实施。

（三）从实践层面理解“strength and conditioning”的含义

表2-1是中国女篮体能教练艾尔制订的周训练计划。从艾尔的周训练计

① National Basketball Conditioning Coaches Association. Complete Conditioning for Basketball[M]. Champaign：Human Kinetics，2007：1-2.

划中，我们可以看出艾尔的体能训练包括四个方面的内容：热身、力量、体能（conditioning）、放松与拉伸。力量训练主要是在力量房进行的抗阻力量训练，而在“conditioning”训练的内容中，我们可以看到其包括运动员素质发展的动作模式及篮球专项的动作模式，其中还包括发展灵敏素质的动作模式、发展爆发力的动作模式、发展脚步速度的动作模式等。从艾尔的训练计划中，我们可以看到力量和代谢能力（“strength”和“conditioning”）是运动员素质发展的两个部分，力量训练的目的是发展肌肉的能量输出能力，对于提高速度、灵敏、协调等素质是非常重要的，肌肉力量的能力输出主要依赖于神经肌肉系统的能力，而“conditioning”是发展运动员代谢能力，发展代谢能力的方法主要是依据篮球专项特征的需求，以不同的动作模式组合来实现。

表 2–1　中国女篮 2011 年 7 月 18—24 日训练计划

日期	训练内容
星期一	1. 热身 （1）核心稳定性训练 （2）训练前引体向上 （3）动态拉伸 2. 力量 3. 代谢能力训练 （1）篮球专项代谢能力 （2）四分之三篮球场地冲刺训练 4. 放松与拉伸 拉伸前做俯卧撑
星期三	1. 热身 （1）核心稳定性训练 （2）训练前引体向上 （3）动态拉伸

续表

日期	训练内容
星期三	2. 力量 （1）药球训练 （2）无抗阻训练 3. 代谢能力 （1）素质发展 （2）非稳定状态下的单腿动作模式药球训练 （3）篮球专项技术与代谢能力训练 4. 放松与拉伸 拉伸前做俯卧撑
星期五	1. 热身 （1）核心稳定性 （2）训练前引体向上 （3）动态拉伸 2. 力量 3. 代谢能力 （1）素质发展—速度梯子训练 （2）篮球专项技术与代谢能力训练 4. 放松与拉伸 拉伸前做俯卧撑

通过以上分析，在训练实践与学术交流过程中，我们可以把“strength and conditioning”翻译为体能。“strength and conditioning training”可以解读为“是以力量为基础，兼顾能量代谢系统与神经肌肉系统的功能动作模式训练”。

第二节 体能概念的重新界定

认识源于实践，我们对于体能的认识也必然源于体能训练实践。从当前体能训练发展的实践来看，传统的体能概念框架很难在教练员的思想层面形成明确的指向，尤其是在当前体能训练思想碰撞较为激烈的阶段，我们主流的体能理论框架的局限性显得更为明显。因此，对原有的体能概念理论框架进行重构已经成为大势所趋。本文在借鉴前人研究成果的基础上，结合当前欧美国家先进的体能训练理念与方法，尝试对体能概念做出新的解释：体能是以能量代谢系统为基础，以功能动作模式为载体，通过神经肌肉系统所表现出来的综合运动能力。

第三节 体能概念框架下的体能训练系统

在新的体能概念框架下体能训练系统应该包括三个子系统，即能量代谢系统、神经肌肉系统和功能动作模式系统。对于三者的关系，我们可以做一个形象的比喻。以汽车为例，能量代谢系统就是汽油，神经肌肉系统就是汽车的发动机，而动作模式系统就是汽车的操作系统。另外，我们可以用图来展示三者之间的关系（图 2–1）。能量代谢系统是基础，神经肌肉系统是桥梁，功能动作模式系统是表现形式。

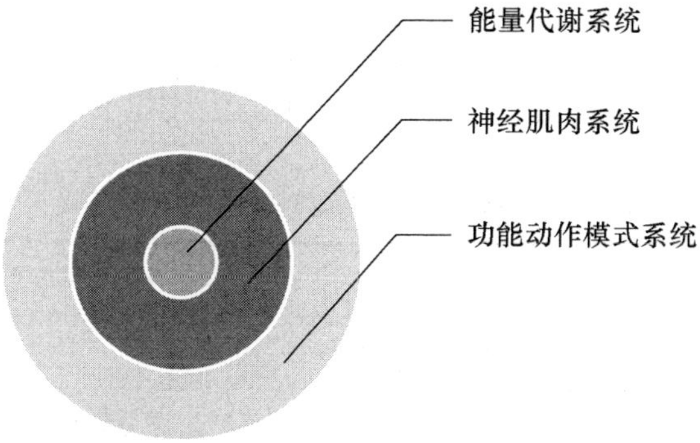

图 2–1　体能训练理论框架示意图

一、能量代谢系统

人体的能量代谢系统是由磷酸原供能系统、酵解能供能系统和氧化能供能系统三大部分组成。三种能量代谢系统都在给定的时间内进行，然而，每种能量代谢系统的作用程度主要取决于运动的强度，然后取决于运动的持续时间。磷酸原供能系统主要针对短时间、高强度的运动，并且不管运动的强度如何，所有运动一开始就会动用磷酸原供能系统；酵解能供能系统主要满足短时间中等强度的运动；氧化能供能系统主要满足长时间低强度的运动（表 2–2）。

在运动训练中，只有充分掌握运动过程中能量代谢的系统运转规律，才能制订出符合专项特点的训练计划。在进行不同运动项目的训练时，合适的运动强度和间歇休息将使机体选择性地启用特定的供能系统。很少有运动要求机体维持在最大强度至力竭或接近力竭。大部分运动、训练和一系列高强度、恒定做功的间歇运动，其代谢类型很相似。此类训练要求每一回合的输出功率要远远大于持续有氧供能运动的最大输出功率。在运动中，如果只重视有氧耐力训练而忽视无氧能力的训练，将不利于运动成绩的提高。训练时，采用合适的运动强度和休息时间间隔将使机体选择性地启用特定的供能系统。另外，不同的运动项目所要求的代谢类型也不同。

表 2–2　运动时间及强度对能量系统的影响

运动持续时间	运动强度	主要供能系统
0～6 秒	极高	磷酸原供能系统
7～30 秒	非常高	磷酸原供能系统和酵解能供能系统
31 秒～120 秒	高	酵解能供能系统
121 秒～180 秒	中等	酵解能供能系统和氧化能供能系统
大于 180 秒	低	氧化能供能系统

注：运动持续时间、运动强度和供能系统选择之间的配合是运动员努力取得最好运动表现的基础。

因此，在运动训练的实践中，了解不同类型的运动训练如何产生能量和特定的训练如何调整能量的产生，才能设计有效的运动训练方案。肌肉收缩时依靠何种能量系统供能主要取决于运动的强度，然后取决于运动的持续时间。代谢反应和训练适应可以通过对训练强度、持续时间和恢复时间的安排进行调整。形成运动训练特异性代谢的基础在于机体活动中的代谢反应和适应是如何发生的。

二、神经肌肉系统

从概念上来讲，神经肌肉系统训练是控制身体平衡的训练，包括静态姿势平衡、动态姿势平衡和动态稳定性。任何涉及神经肌肉控制与协调的动作模式都可以称为神经肌肉训练，比如，训练目的是加强不同姿势控制及肌肉内协调的力量训练，可以称为神经肌肉训练。克服自身体重的上下肢平衡与稳定练习也是神经肌肉训练的一种，而后一种既可以在稳定的平面进行训练，也可以在不稳定的平面进行训练。以上是我们通常意义上的神经肌肉训练。在本文的体能概念框架中，将神经肌肉系统作为体能概念理论的一个重要组成部分，特别突出神经肌肉系统以动作模式系统为载体所表现出来的最为基础的运动能力是力量。

肌肉力量是所有运动形式的基础，运动素质的其他表现形式如速度、耐力、柔韧、灵敏、协调、平衡等都离不开肌肉收缩所产生的力量。

从一般训练学的角度出发，本文提出神经肌肉系统的最根本的表现形式——力量，分为三个不同层次（图 2–2）：第一层次为神经肌肉系统所表现的稳定性、平衡性与灵活性，第二层次表现为一般力量，第三层次表现为专项力量。

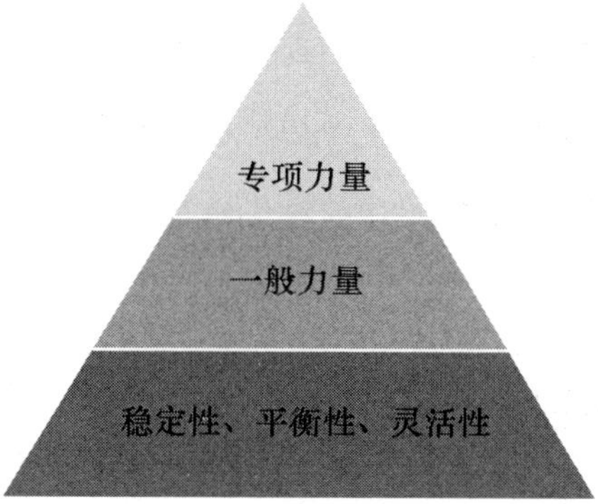

图 2–2　神经肌肉系统的三个层次

三、功能动作模式系统

竞技体育的生物力学特征是动作模式。动作模式就是在相应的动作程序指令下，人体各环节程序化、系统化的操作和执行过程。功能动作模式强调功能性理念，在这一理念指导下，有助于教练员设计出良好的训练方案，寻求解决问题的最佳办法，达到预防运动损伤与提升运动表现的双重目的。

功能性训练并不是什么新的概念，早在20世纪90年代就已经被康复专家和健身专家所使用，但功能性训练在我国成为体能训练的热点还是近几年的事情。目前，学界和业界对于功能性训练的认识还不能统一，甚至对于功能性训练持有不同的看法。不可否认，功能性训练已经对我国竞技体育的发展产生了深远的影响，其必将成为运动训练理念革命的必然发展趋势。弗恩·甘比塔指出“功能训练是训练动作，而不是肌肉”。这是非常简单的一句话，但要真正理解其含义，我们需要深入运动训练实践去认真揣摩当前竞技体育领域所采用的训练方法与手段。如果反问自己，我们的运动训练是否考虑到以站立姿势来完成？是否考虑到使用自身重量、使用多关节？是否考虑到爆发力训练？是否考虑到功能性的训练，并且是否能把这些因素完美地整合在一起，形成一套易于理解、便于记忆的结构体系？当我们认真思考这些问题之后，也许就能够真正理解功能性训练的含义，也就能明确我们是为运动而训练。

功能性训练围绕两个非常重要的基础原理展开。第一是运动链，它阐述了身体不是孤立的单一关节的运动。运动链是一系列的关节在多平面内协同工作。第二是物理学原理，包括重力、地面反作用力和动量。克服重力是最基本的阻力训练，我们所做的任何训练都需要克服或抵消这种力。对于大多数的运动，地面反作用力是力和功率或爆发力产生的源泉。对于以地面为基础的活动，所用的功率都来源于地面的反作用力，必须通过地面接触获得和转换。动量是克服惯性的结果，它让身体以最小的能量需求来运动。当我们去分析一个功能性动作模式的时候，需要考虑以上两个基础原理所包含的要素。

本文之所以引用功能性动作模式的概念主要基于以下几个方面的考虑：第一，竞技体育的外在本质是动作，只有专注于动作，才能在运动训练中抓住问题的本质，为运动表现的提升打下扎实的根基；第二，建立功能性训练理念是运动训练发展的必然趋势，针对我国当前传统的体能训练体系，功能性训练理念对解决训练领域中存在的实际问题具有理论导向意义；第三，之所以使用“模式”一词，重点在于强调动作的规范性、程序性、整体性，以使其具有一定的普适性，突出其理论指导意义。

体能训练的实践需要我们改变对传统体能概念的认知，新的体能概念体现了当前竞技体育的新理念，突出了运动的内在本质（能量代谢系统）与外在本质（动作模式系统）的统一。体能训练系统突出了能量代谢系统、神经肌肉系统和功能性动作模式系统在体能训练中的重要作用。

第四节　整体观视野下篮球体能训练系统

篮球是一项技能主导类的同场集体对抗项目，项目特征要求运动员的体能训练必须具有全面性、整体性、系统性的特点。在篮球运动员的体能训练实践中，除了要考虑以上所提到的体能影响因素外，还需要综合考虑技战术与心理因素对运动员的体能要求。因此，本部分从篮球运动训练的实践出发，在新的体能概念框架下，提出整体观视野下的篮球专项体能训练系统。此系统可以用五层同心圆结构模型来解释（图 2–3）。

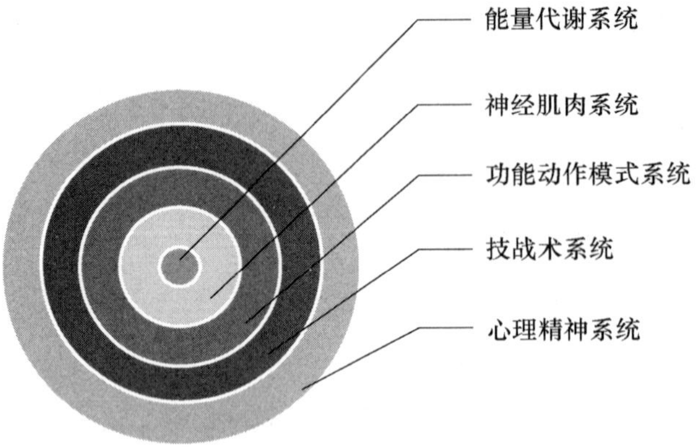

图 2-3 五层同心圆结构模型

五层同心圆结构模型构成了整体观视野下的篮球专项体能训练系统。篮球运动员的体能训练，不仅要从能量代谢系统、神经肌肉系统、动作模式系统来全面考虑，还要从技战术系统、心理精神系统去考虑。只有在整体观的引领下，体能系统（能量代谢系统、神经肌肉系统、动作模式系统）与技战术系统最终通过人的主观能动性，相互影响，才能发挥系统的整体作用，实现系统的终极目标。

篮球运动员的神经肌肉系统通过篮球专项动作模式所表现出来的专项力量在篮球比赛中的任务是实现速度与平衡的协调，而在比赛中，运动员要做到速度与平衡的协调，则依赖于三大供能系统的协同作用，酵解能供能能力最为重要。在篮球运动员的体能训练实践中，只有以篮球运动员功能动作模式系统为载体，高度融合神经肌肉系统与能量代谢系统的训练，把篮球运动员的神经肌肉系统、能量代谢系统、功能动作模式系统整合到篮球运动员的体能训练体系中，以整体观的思维进行科学、系统的周期安排，才能高效地提高篮球运动员的专项体能。

一、篮球运动能量代谢系统

从整体视野下的篮球专项体能训练系统五层同心圆结构模型中我们可以看出，五层同心圆结构模型的核心层面是能量代谢系统。黎涌明指出，运动的内在本质是能量代谢系统，运动员机体只有具备符合专项特征的能量代谢系统，才能在专项运动过程中为运动员提供发挥技战术水平的能量储备，为运动表现奠定坚实的基础①。

篮球是一项高强度、高对抗的集体球类运动项目。比赛时间为 40 分钟，分为四节。在比赛期间，运动员以各种不规律的间歇运动完成不同的动作模式，这种运动形式决定了运动员需要全面动员人体的三大供能系统，并且对三种能量代谢系统的能力要求很高，其中运动员的有氧能力是基础，无氧糖酵解能力是保障，磷酸原系统供能能力是关键。在篮球比赛中，运动员通过急起、加速、急停、转身、变向、空切、快速接应、快速回防、快攻、快速运球、传接球、投篮等动作模式来完成比赛，而这些动作模式的完成一般都在几秒之内，要求运动员全力以赴。从能量代谢系统来看，这些动作模式的实现需要无氧代谢系统发挥作用，但是，从比赛的进程来看，运动员需要持续地完成这些动作，磷酸原供能系统的供能时间受到限制，机体需要动用酵解能供能来实现上述任务。由此，机体在比赛过程中伴随有大量的乳酸产生，比赛越激烈、对抗程度越高，乳酸产生越多。同时，由于比赛过程受到规则的限制、技战术变化等因素的影响，运动员不可能永远持续高强度的比赛状态，在比赛过程中，运动员不时地会以慢跑、走动、暂停休息等形式进行调整与恢复。这种调整与恢复的方式对运动员机体的有氧供能要求很高。这种形式的恢复与调整能为运动员无氧代谢系统的能量补偿及乳酸的消除起到积

① 黎涌明，纪晓楠，姿薇. 人体运动的本质[J]. 体育科学，2014，34（02）：11-17.

极的作用，并能延缓疲劳的出现，为后续完成高强度、高对抗的冲刺和跳跃等决定比赛的关键动作模式起到能量储备的作用。

近年来，随着科学技术的不断发展，国内外专家运用实时移动分析方法（Time- motion analysis）、GPS、SAGIT measuring system 软件、SIMIScout 技战术软件解析比赛录像等对运动员在比赛过程中的移动特征进行研究，试图从定量的角度来把握专项运动的能量代谢特征，为项目特征的确定提供依据。虽然以上方法在对运动员比赛过程中的移动特征研究方面还有一定的局限性，但研究结果已经为确定项目特征提供了非常重要的数据支持。由于篮球运动员在场上移动方式的变化，以上方法只能是低估了运动员的能量代谢情况，由此我们可以更进一步推断：在持续完成关键技术动作的过程中，对运动员的酵解能供能能力要求更高。表 2–3 是 2002 年中国女篮运动员在参加国际比赛中血乳酸值的变化情况，从表中可以看出，前两节运动员的平均血乳酸值明显高于后两节，说明前两节运动强度明显大于后两节。

表 2–3　2002 年中国女篮运动员在国际比赛中血乳酸值

测试时间	人次（人）	血乳酸（毫摩尔/升）
第一节	25	7.4±3.1
第二节	28	6.8±2.0
第三节	22	5.4±1.4
第四节	9	5.3±1.8

从以上分析我们可以看出篮球运动的能量代谢特征，在篮球比赛中，酵解能供能能力及磷酸原供能能力对运动员发挥技战术至关重要。但在训练过程中，如何提高运动员的酵解能供能能力与磷酸原供能能力是一个重要的问

题，对此，本研究在观察中国女篮训练的过程中得出一个基本的判断：对于能量代谢系统能力的提高，需要在整体观视野下，对整个运动训练过程进行系统思考；需要把能量代谢系统的训练整合到体能训练的框架之中进行。任何单一的、局部的思维对整个训练过程来说都是徒劳的、寡效的。

二、篮球运动神经肌肉系统

五层同心圆结构模型的第二层是神经肌肉系统，它为能量的输出提供了坚实的保障。神经肌肉系统通过功能动作模式所表现出来的最为核心的运动能力是力量。篮球作为一项高强度、高对抗的运动项目，在比赛过程中，运动员通过各种动作模式，在速度与平衡的博弈中取得时间与空间的优势，最终完成投篮。速度表现为肌肉的快速收缩，平衡则表现为肌肉内与肌肉间的协调作用。如果说平衡能力是力量的基础表现形式，那么，速度就是力量的高级表现形式。在新的体能概念中，本研究结合篮球运动训练实践，把神经肌肉系统训练的最终表现用力量的三个层面来表述（图 2–4）。

第一个层面是最大力量（maximum strength）。这一层面主要针对的目标肌群是Ⅰ型肌纤维，最大力量的提高进一步被区分为“肌肉神经支配能力”和“肌肉横断面”两种，运动员的训练应以提高肌肉的神经支配能力为主，而不是发展肌肉的横断面积，但对篮球运动员来讲，强壮的身体和超强的爆发力二者兼需。神经肌肉支配能力的提高对于控制身体平衡具有重要的作用。研究表明，平衡能力的提高对于女子篮球运动员的跳跃动作模式的生物力学因素有着重要的影响作用，可以减少对膝关节 50%的冲击力量，并提高运动表现。

第二个层面为力量—速度层面（strength–speed）。这一层面主要针对的目标肌纤维是ⅡA 型肌纤维。这个类型的肌纤维用于相对高强度下长时间的无氧活动，这正是篮球比赛所需要的。

第三个层面为速度—力量层面（speed–strength）。这一层面主要针对的目标肌群是ⅡB 型肌纤维。这种类型的肌纤维用于最快速的奔跑，篮球比赛中的快攻和快速退防。

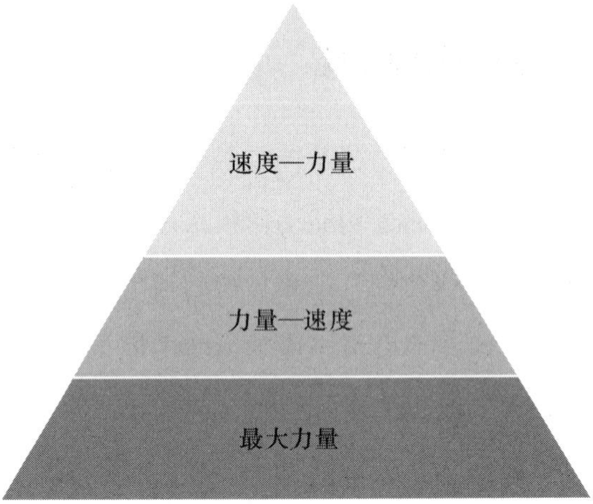

图 2–4　篮球专项神经肌肉系统表现形式

篮球运动员力量训练的最终目的具体表现在让运动员足够强壮、跑得快、跳得高、变向快等方面。在训练的实践中，体能教练往往根据篮球专项技战术的要求，以训练的方式来提高运动员的专项力量。

三、篮球运动功能动作模式系统

运动的外在本质在于动作，五层同心圆结构模型的第三层是功能动作模式系统，只有在运动训练的实践中按照项目的特征，将功能动作模式系统作为训练的手段，运用科学合理的方法对运动训练过程中的负荷量与强度进行有效的控制，运动员的机体才能产生与运动项目相匹配的专项能量代谢系统。

篮球运动的功能动作模式系统分为三个层次：第一个层次为人体环节的

稳定性与灵活性，第二个层次为一般动作模式，第三个层次为专项动作模式。人体环节的稳定性和灵活性主要依赖于神经肌肉功能和控制能力，人体环节的稳定性与灵活性的有序规律对一般动作模式的完成具有重要的作用，而运动员完成基本动作模式的能力对于专项技术动作的发挥影响重大。人体环节的稳定性与灵活性、一般动作模式及专项动作模式三者之间的关系可以用图 2–5 来表示。

图 2–5　篮球运动功能动作模式系统

动作模式的质量是灵活性与稳定性配合的结果。人体环节的稳定性与灵活性是一切动作模式的基础，人体的结构本身就是一个奇迹，整个身体的环节以灵活性与稳定性的不同交替规律实现人体的动作模式，任何环节出现问题，都会造成整个功能动作模式受限，为运动成绩的提高及运动损伤的发生埋下隐患。比如，髋关节在人体的动力链中，灵活性占主导，如果髋关节的灵活性受限，整个身体将会在腰部和膝部产生代偿，而这种代偿的结果会造成肌肉失去平衡和相应的功能动作受限，破坏了真实的动作，影响了动作的实效性，造成运动损伤发生率的增加。

一般动作模式是人体的基本动作模式，在日常生活中，人类需要学习和不断改进的动作模式包括七个（表 2–4）。在运动训练的实践中，教练员应该根据人体的基本动作模式来设计训练手段。

表 2–4　身体基本功能动作模式系统

下蹲	弓箭步	弯身	转体	步态	提拉	推举
坐下、站起 负重下蹲	上楼梯、 前后弓箭步	弯腰捡东西、 腰部提拉	扫地、 斜拉练习	行走、跑步	提包裹、 坐立拉练习	推车、 俯卧撑

篮球运动专项动作模式是在人体一般动作模式的基础上，结合篮球专项运动的特点提炼成的对篮球专项训练具有指导作用的动作模式（表 2–5）。

表 2–5　篮球专项动作模式系统

起始基本姿势	转换	连接	变向	衡量维度
平行	滑步	后撤步	锐角剪切	加速、减速
分腿	交叉步跑	交叉步	钝角剪切	弹射
	后退	原地旋转		重心升降
	直线加速	加载步		摆动、鞭打
	最大速度跑			劈砍、提拉

四、篮球运动技战术系统

五层同心圆结构模型的第四层是运动专项技战术系统。任何运动项目的比赛都需要技战术，如果没有好的技战术素养，运动员或运动队不可能取得好的运动成绩。如果说同心圆结构模型的前三层是体能训练系统层面，那么第四层就是强调在训练与比赛过程中，体能对运动技战术发挥的重要作用。特别需要指出的是五层同心圆结构模型的第三层与第四层的衔接，也就是功能动作模式系统与技战术系统的衔接，如果说运动的外在本质是动作，那么第四层的技战术其实也就是动作的表现系统，但这种动作表现系统与体能概念框架下的功能动作表现系统的区别在于技战术的动作是专项动作模式的表现。

篮球作为一项技能主导类的同场集体性对抗项目，运动员的技战术水平对成绩的影响至关重要。在我国篮球训练实践中，长期存在着以技术训练代替体能训练的情况，产生这种情况的原因不外乎以下几个方面：第一，运动员认为体能训练比较枯燥；第二，技术对篮球运动成绩的影响明显大于体能，在技术训练的同时能兼顾体能训练，没有必要浪费时间进行专门的体能训练；第三，也是比较深层次的原因，我们的体能训练一直没有很好地解决其与技术训练的关系，没能形成体能与技战术能力的相互支持、相互促进。在国奥（中国国家奥林匹克）女篮的实践中，教练员在设计体能训练动作模式的同时，深入考虑了篮球基本技战术的要求，通过高效的体能训练，发展了运动员的技战术能力，同时也取得了主教练的信任。国奥女篮体能教练正是在整体篮球的视角下看待体能训练与技战术训练的关系，解决了认识上的问题，从而更好地解决了实践中的问题。

五、篮球运动心理精神系统

五层同心圆的第五层是心理精神系统。人的心理、精神决定了运动训练的走向，决定了体能训练的终极目标能否完成。篮球是一项需要运动员具备高度专注力的运动项目，只有在精神高度集中的情况下，运动员才能更好地发挥出自己的体能，表现出最佳的技战术水平。

在国奥女篮训练实践中，主教练王桂芝通过观看每周与中国女篮的比赛录像发现一个问题：在比赛过程中，经常有运动员在比赛的攻防转换阶段出现注意力明显不集中的现象。在教练组会议中，王指导提出这个问题后，笔者把主要思想转达给体能教练凯文。随后，凯文在体能训练的动作模式设计中突出并强化了和基本技术动作紧密结合的专项动作模式（如滑板对墙传球训练），并提出了强度及训练时间与间歇时间的要求，使运动员在体能训练中能够高度集中注意力，通过这种长期的训练，运动员逐渐获得了在体能训练中高度专注的能力，并且在 10 周以后的对抗赛中表现出了明显的变化。

第三章
中国女篮体能训练内容体系

第一节 测试与评估

中国女篮在集训阶段初期和各个训练中周期都要对运动员进行体能测试与评估。测试的结果可以帮助运动员进行自我评估，与优秀运动员的数据进行对比找到差距，同时帮助教练员调整训练计划，激励运动员通过训练提高自己的体能水平。

中国女篮体能测试的内容和标准采用美国女子篮球职业联赛（WNBA）选秀的统一标准。美国女子篮球职业联赛选秀对运动员的体能测试主要包括以下六个方面（表 3–1）：下肢爆发力、灵敏性、速度、上肢力量、柔韧性及代谢能力，分别对应的测试指标是原地纵跳、最大纵跳、油漆区（限制区）灵敏性测试、四分之三场地快速跑动、卧推、坐位体前屈及 4×10 和 4×17 速度耐力跑。

表 3–1 篮球运动员的运动表现与测试指标

运动表现类型	测试指标
下肢爆发力	原地纵跳 最大纵跳
灵敏性	油漆区灵敏性测试
速度	四分之三场地快速跑动
上肢力量	卧推
柔韧性	坐位体前屈
代谢能力	4×10 和 4×17 速度耐力跑

注：就卧推指标而言，美国职业篮球联赛和美国大学生运动员标准是 84 公斤，高中男子标准是 61 公斤，美国女子篮球职业联赛和大学生女子运动员标准是 43 公斤，高中女子运动员的标准是 34 公斤。

下面我们主要介绍油漆区灵敏性测试、四分之三场地快速跑动能力测试及 4×17 速度耐力跑测试。

一、油漆区灵敏性测试

油漆区灵敏性测试是美国职业篮球联赛和美国女子篮球职业联赛运动员测试灵敏和快速反应能力的经典手段。之所以在油漆区测试运动员的灵敏和快速反应能力，是因为油漆区是攻防两端的重要阵地，半场盯人和联防都是在这一空间内展开的。具体测试如图 3–1 所示：第一，放置四个锥形物体于油漆区的四个角；第二，测试运动员从 P 点出发，面对端线，开始测试后，运动员快速冲刺到左侧端线，穿过锥形物体，然后滑步至右侧端线标志点，随后快速后退至罚球线右侧的标志点，再横向滑步至起点。随后转变方向，横向滑步至右侧罚球线的标志点，快速冲刺至端线右侧的标志点，然后横向滑步至左侧端线标志点，最后快速后退至起点完成测试；第三，每个运动员有两次测试机会，取成绩最好的一次。

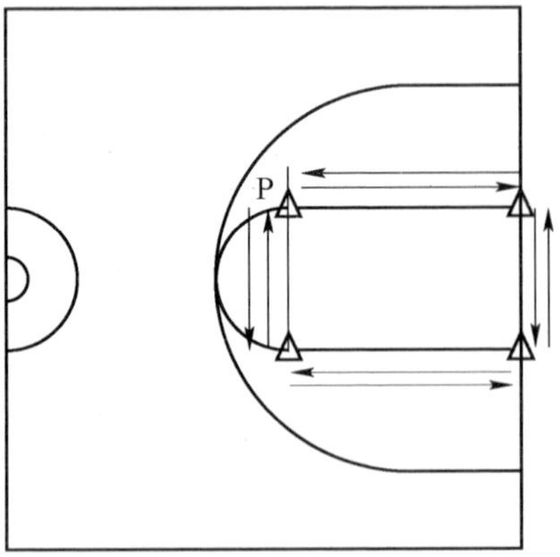

图 3–1　灵敏性测试

二、四分之三场地快速跑动测试

四分之三场地快速跑动主要测试篮球运动员的速度能力（图 3–2）。具体测试方法如下：第一，分别在端线和对面罚球线放置两个锥形物；第二，两脚分开，前脚在端线后面，以站立式起跑的方式进行，运动员移动计时开始，快速通过对面罚球线；第三，运动员有两次测试机会，取成绩好的一次。

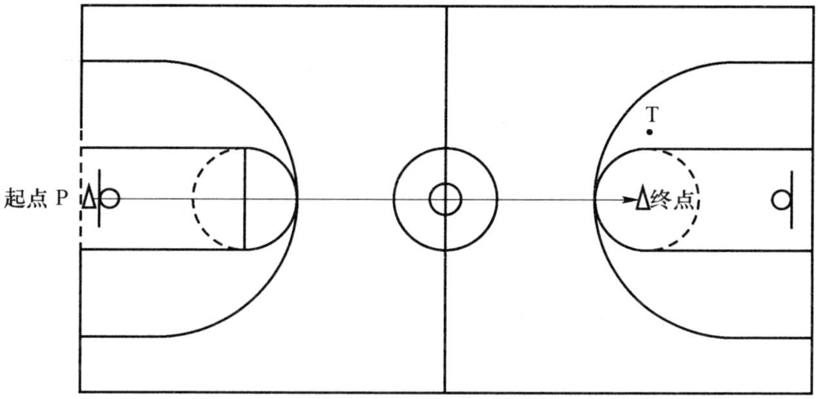

图 3–2　四分之三场地快速跑动测试

三、4 × 17 速度耐力跑测试

4×17 速度耐力跑主要评估运动员的健康水平和无氧代谢能力。测试的方法为：运动员在两个边线之间跑步，17 次为一组，每个运动员共完成 4 组，每组间歇时间为 2～2.5 分钟。每个运动员测试一次。表 3–2 是美国女子篮球职业联赛西雅图暴风队不同位置运动员的测试结果。

表 3–2　4×17 速度耐力跑测试结果　（单位：秒）

位置	时间标准	第一组	第二组	第三组	第四组	最终结果
组织后卫	67	62	64	66	67	–9
组织后卫	67	61	63	65	64	–15
得分后卫	69	62	65	68	67	–14
得分后卫	69	67	69	70	73	+3
小前锋	69	64	68	70	70	–4
小前锋	69	63	70	79	80	+16
大前锋	72	64	64	65	67	–28
大前锋	72	67	67	70	75	–9
中锋	75	69	72	74	78	–7
中锋	75	70	70	75	82	–3

表 3–3 是美国女子篮球职业联赛不同位置运动员不同运动能力的数据，中国女篮在体能训练过程中以此数据为参考，教练员通过测试可以发现不同位置运动员不同运动能力的优势和不足，从而有针对性地训练，提高训练效率。

表 3–3　美国女子篮球职业联赛不同位置运动员运动能力测试结果

位置	分值	原地纵跳（厘米）	最大纵跳（厘米）	油漆区灵敏性（秒）	四分之三场地快速跑动（秒）	卧推（次）	4×17 速度耐力跑（秒）
组织后卫	最大值	61	66	12.60	3.70	20	67
	平均值	56	62	11.91	3.57	16	
	最小值	48	58	11.22	3.45	12	
得分后卫	最大值	58	63	12.49	3.65	25	69
	平均值	55	58	12.02	3.54	20.5	
	最小值	51	56	11.56	3.43	16	

续表

位置	分值	原地纵跳（厘米）	最大纵跳（厘米）	油漆区灵敏性（秒）	四分之三场地快速跑动（秒）	卧推（次）	4X17 速度耐力跑（秒）
小前锋	最大值	60	63	12.20	3.75	26	69
	平均值	55	58	11.69	3.62	20	
	最小值	50	53	11.19	3.50	14	
大前锋	最大值	55	61	12.42	3.74	25	72
	平均值	51	56	12.21	3.63	17	
	最小值	47	51	12.00	3.53	9	
中锋	最大值	53	58	13.76	4.08	22	75
	平均值	47	53	12.86	3.85	12.5	
	最小值	42	48	11.98	3.62	9	

第二节 热身及放松拉伸动作

训练前的热身和训练后的放松已经成为运动训练中不可或缺的组成部分。随着业界对训练认知程度的不断深入，体能教练在训练的实践中更加注重热身与放松活动的动作模式的选择，但无论是热身还是放松活动，不可回避的一个问题是“柔韧”，也就是关节的活动度问题。训练前热身活动（现在很多体能训练专家把热身活动称为“动作准备”）的一个很重要的目的是使运动员具备适宜的关节活动度，减少运动损伤。传统的理念倾向于静态拉伸，但近年来一些文献质疑静态拉伸这种方式。静态拉伸会影响反应时间与动作时间及力量耐力。尽管活动前的静态拉伸能够提升需要较大活动度的运动（比如体操）的运动员状态，但在现代体能训练的理念中，动态拉伸已经占据主导，成为准备活动的首选，尤其是在需要高强度肌肉拉长—缩短周期的运动项目中，如篮球。动态拉伸能够有效促进随后的运动能力的提升。与训练前准备活动选择动态拉伸相比，训练后的放松活动则以静态拉伸为主。5～10 分钟的拉伸，可以增加肌肉和肌腱的胶原纤维弹性，提升伸直幅度，并减少肌肉酸痛。当前运动训练实践中较常用的静态拉伸方法是 PNF（本体感受神经肌肉促进法）。表 3–4 是中国女篮体能训练中准备活动和放松活动中拉伸的经典动作模式。

表 3–4　中国女篮准备活动和放松活动所采用的拉伸动作模式

准备活动（动态拉伸动作模式）	放松活动（静态拉伸动作模式）
力量训练前的动态拉伸：前后左右摆腿、伸臂摇摆 场地训练前的动态拉伸：蠕动拉伸、弓箭步走、走步抬膝、弓步压肘、上下行走	前弓箭步、俯卧屈膝、脊柱旋转、屈腿分叉、俯卧后展、坐姿触脚、屈腿分叉、蝴蝶式、鹰式分叉、推墙伸展、颈后伸展、胸前横臂

第三节　代谢能力训练

中国女篮的集训主要是为参加重大比赛并获得优异运动成绩而选拔全国优秀的运动员集中组织训练的一种活动。例如，2013 年为参加东亚运动会而组织的集训工作，3 月上旬国家体育总局篮球运动管理中心选拔组织全国优秀女篮运动员参加集训。东亚运动会的比赛时间是 10 月份。根据比赛任务和时间安排，按照周期训练的原则，中国女篮的代谢能力训练主要在准备期完成。

篮球代谢能力的训练手段一般分为三大部分：第一，田径场上或非篮球场地的代谢能力训练（off–court conditioning drill），主要以跑步训练为主；第二，篮球场上的代谢能力训练（on–court conditioning drill），主要以篮球场上的跑动训练和灵敏性训练为主；第三，篮球专项动作的训练（basketball-sepcific movements），此部分主要以有球的专项技术动作组合训练为主。代谢能力的训练主要遵循循序渐进的原则，运动员通过准备期的训练，代谢能力逐渐适应高强度、高水平比赛。循环训练法是代谢能力训练经常采用的方法。代谢能力训练根据参与人数的多少可以分为个人、双人和团队的训练，双人和团队训练必须以个人训练为基础，本部分主要介绍中国女篮常用的经典篮球场上的代谢能力训练手段及中国女篮 12 周代谢能力的训练计划。

一、中国女篮常用的代谢能力训练手段

（一）极限强度训练

如图 3-3 所示，运动员从端线后开始，快速冲刺到近端罚球线，然后快速返回端线，紧接着快速冲刺到中线并返回端线，随后从端线快速冲刺到远端罚球线并返回端线，最后从端线快速冲刺至远端端线并返回。

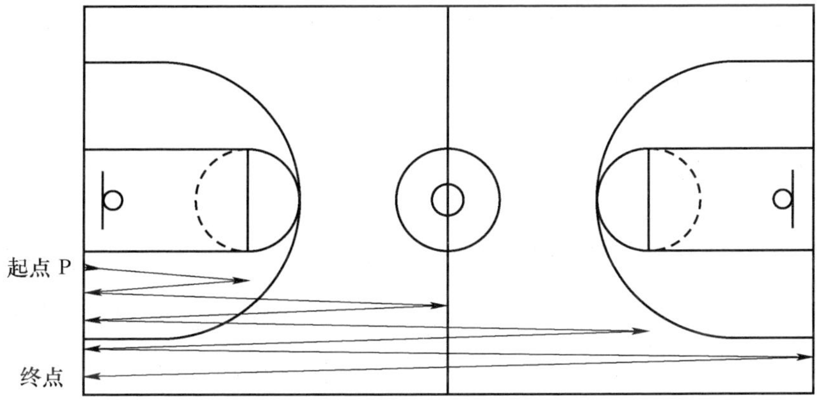

图 3-3　极限强度训练

（二）6 次全场折返跑

如图 3–4 所示，运动员从起点出发，快速冲刺至远端端线并返回，重复 3 个来回共 6 次全场距离。

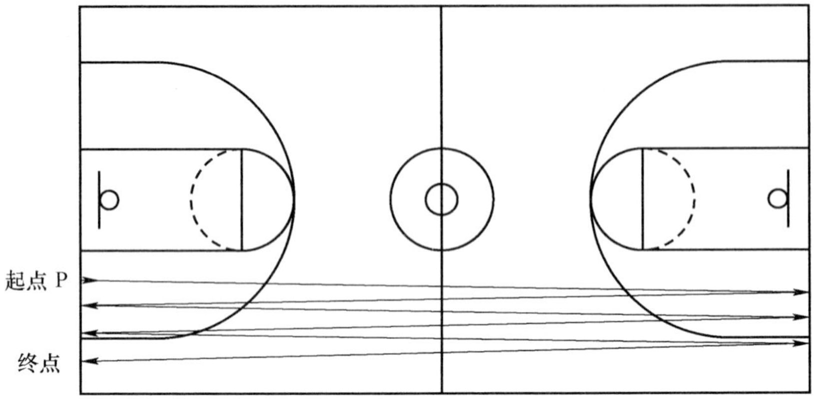

图 3–4　6 次全场折返跑

（三）17 次边线折返跑

如图 3–5 所示，运动员从边线后出发，快速冲刺至对面边线并快速返回为 2 次，共 17 次重复完成边线宽度的距离。

（四）变速跑

如图 3–6 所示，变速跑由慢跑、大步跑、全速跑和减速跑四部分组成。运动员由端线出发，慢跑至近端罚球线，然后以四分之三的速度大步跑至中线，然后由中线全速冲刺至远端罚球线，最后由远端罚球线减速跑至远端端线。完成四个部分为 1 次重复，每组练习重复 4～6 次。

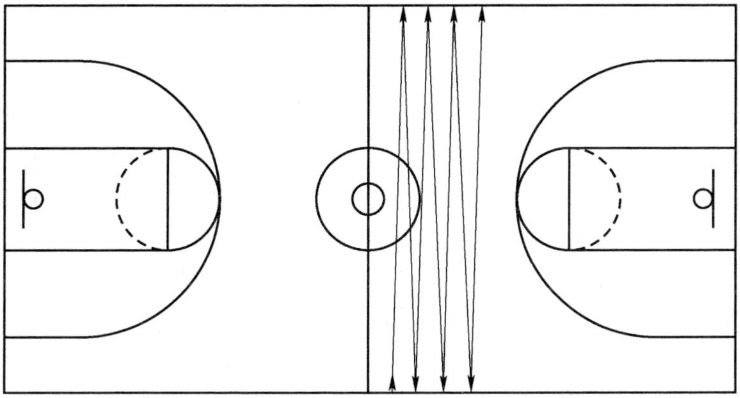

图 3–5　17 次边线折返跑

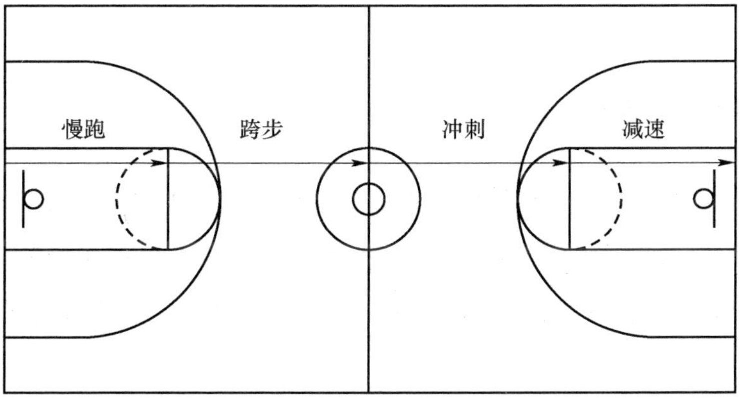

图 3–6　变速跑

（五）"X" 形训练

如图 3–7 所示，运动员由近端右侧底角的起始点 P 点出发，面向场地，快速冲刺至斜对面底角，然后变换为滑步防守动作沿端线快速滑步至近端左侧底角，转身，面向场地，快速冲刺至远端右侧底角，变换为滑步防守动作沿近端端线快速滑步至起始点，以上为一组，重复 2～3 次。

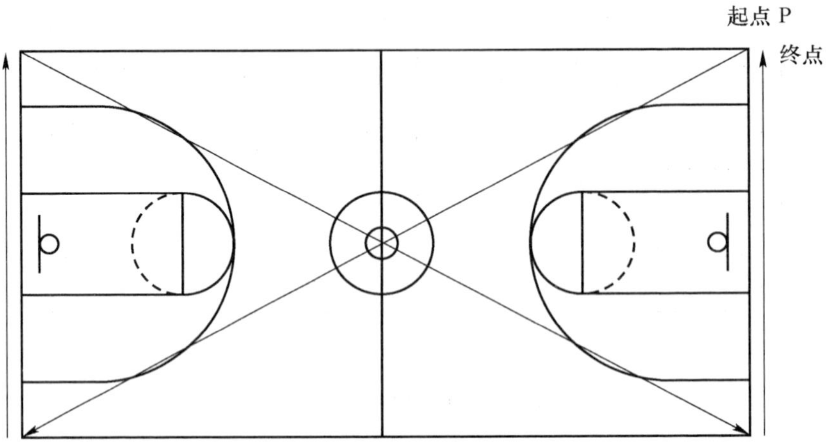

图 3-7 “X”形训练

（六）阶梯训练

阶梯训练由四组快速冲刺跑组成，每组练习设置固定的间隙时间。运动员从边线后开始，第一组边线到边线重复 15 次，间隙 1 分钟；第二组重复 12 次，间隙 45 秒；第三组重复 9 次，间隙 30 秒；第四组重复 6 次，间隙 15 秒。

（七）全场快速运球冲刺训练

如图 3-8 所示，运动员从起点出发，共完成 6 次全场距离的交换手运球。前两个全场冲刺运球后交换手，中间两个半场换手，最后两个四分之一场地换手。

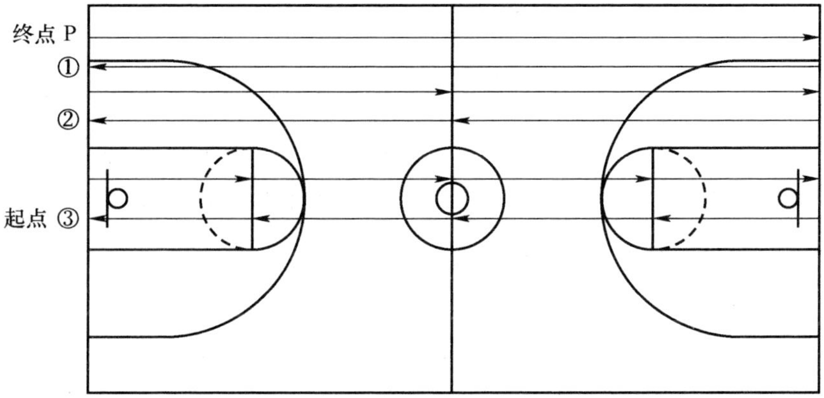

图 3-8　全场快速运球冲刺训练

（八）全场“之”字形运球冲刺训练

如图 3-9 所示，运动员从起点出发，左手运球至左侧肘区，换手运球至中圈右侧，随后换手运球至远端左侧肘区，换手至远端端线罚球区右侧，重复以上动作 4～6 次。

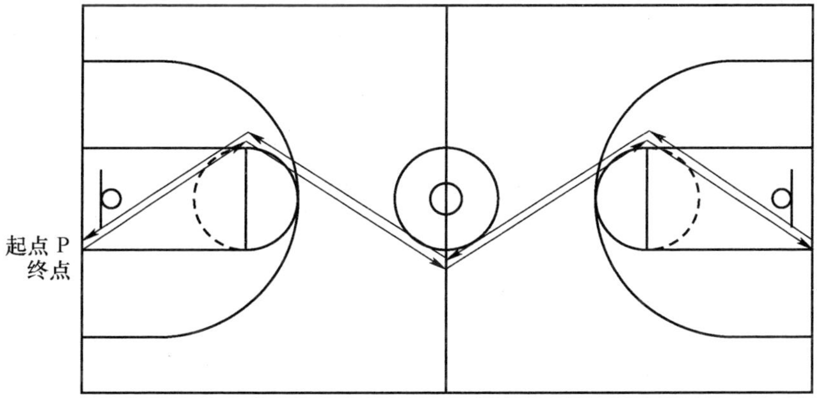

图 3-9　全场“之”字形运球冲刺训练

二、中国女篮 12 周代谢能力训练计划

表 3-5 是中国女篮 12 周代谢能力训练计划，每周训练两次。训练计划的安排遵循循序渐进的原则，即由有氧、混氧到无氧能力提升的一个过程。训练手段根据场地调节自由选择，主要有篮球场上的大步跑、冲刺跑、运球冲刺跑、传球冲刺跑等训练手段。

表 3-5　中国女篮 12 周代谢能力训练计划

周	训练次数	训练内容	间歇时间
第一周	第一次	4×400 米	2.5 分钟
	第二次	4×400 米	2.5 分钟
第二周	第一次	6×400 米	2.5 分钟
	第二次	6×400 米	2 分钟
第三周	第一次	10×200 米	1.5 分钟
	第二次	10×200 米	1.5 分钟
第四周	第一次	12×200 米	1.5 分钟
	第二次	12×200 米	1 分钟
第五周	第一次	2×100 米大步跑 2×80 米大步跑 12×60 米冲刺跑	30 秒 30 秒 30 秒
	第二次	2×100 米大步跑 2×80 米大步跑 12×40 米冲刺跑	30 秒 30 秒 30 秒
第六周	第一次	2×100 米大步跑 2×80 米大步跑 12×60 米冲刺跑	30 秒 30 秒 30 秒

续表

周	训练次数	训练内容	间歇时间
第六周	第二次	2×100 米大步跑 2×80 米大步跑 12×40 米冲刺跑	30 秒 30 秒 30 秒
第七周	第一次	2×100 米大步跑 2×80 米大步跑 2×60 米冲刺跑 2×40 米冲刺跑 2×20 米冲刺跑 4×10 米冲刺跑 2×20 米冲刺跑 2×40 米冲刺跑 2×60 米冲刺跑	30 秒 30 秒 25 秒 25 秒 25 秒 25 秒 25 秒 25 秒
	第二次	全场 6 次折返×2 “X”形训练×2 17 次折返×1	25 秒 1 分钟 2 分钟
第八周	第一次	2×100 米大步跑 2×80 米大步跑 2×60 米冲刺跑 2×40 米冲刺跑 2×20 米冲刺跑 4×10 米冲刺跑 2×20 米冲刺跑 2×40 米冲刺跑 2×60 米冲刺跑	30 秒 30 秒 25 秒 25 秒 25 秒 25 秒 25 秒 25 秒
	第二次	自杀式训练×2 “X”形训练×2 17 次折返×2	1 分钟 2 分钟 2 分钟

续表

周	训练次数	训练内容	间歇时间
第九周	第一次	全场运球冲刺×1 全场“之”字形运球冲刺×1 边线运球冲刺上篮×2 “X”形训练×2 自杀式训练×2	1 分钟 1 分钟 1 分钟 2 分钟 1 分钟
	第二次	全场冲刺胸前传球×2 全场冲刺反弹传球×2 半场冲刺肘区跳投×2 加速训练×2 阶梯训练×1	1 分钟 1 分钟 1 分钟 1 分钟
第十周	第一次	全场运球冲刺×1 全场“之”字形运球冲刺×1 边线运球冲刺上篮×2 “X”形训练×2 全场 6 次折返×2	1 分钟 1 分钟 1 分钟 2 分钟 1 分钟
	第二次	全场冲刺胸前传球×2 全场冲刺反弹传球×2 半场冲刺肘区跳投×2 加速训练×2 阶梯训练×1	1 分钟 1 分钟 1 分钟 1 分钟
第十一周	第一次	全场运球冲刺×1 全场“之”字形运球冲刺×1 边线运球冲刺上篮×2 全场冲刺胸前传球×1 全场冲刺反弹传球×1 半场冲刺肘区跳投×2 “X”形训练×1 17 次折返×1	1 分钟 1 分钟 1 分钟 1 分钟 1 分钟 1 分钟 2 分钟

续表

周	训练次数	训练内容	间歇时间
第十一周	第二次	全场运球冲刺×1 全场“之”字形运球冲刺×1 边线运球冲刺上篮×2 全场冲刺胸前传球×1 全场冲刺反弹传球×1 半场冲刺肘区跳投×2 阶梯训练×1	1 分钟 1 分钟 1 分钟 1 分钟 1 分钟 1 分钟
第十二周	第一次	全场运球冲刺×1 全场“之”字形运球冲刺×1 边线运球冲刺上篮×2 全场冲刺胸前传球×1 全场冲刺反弹传球×1 半场冲刺肘区跳投×2 “X”形训练×1 17 次折返×1	1 分钟 1 分钟 1 分钟 1 分钟 1 分钟 1 分钟 2 分钟
	第二次	全场运球冲刺×1 全场“之”字形运球冲刺×1 边线运球冲刺上篮×2 全场冲刺胸前传球×1 全场冲刺反弹传球×1 半场冲刺肘区跳投×2 阶梯训练×1	1 分钟 1 分钟 1 分钟 1 分钟 1 分钟 1 分钟

第四节　力量训练

力量训练对于篮球运动员的重要性已经得到了业界与学界的高度认可。篮球运动员通过科学的力量训练提高了最大力量与速度力量，同时力量训练对速度、灵敏、柔韧、协调等素质的提升也具有重要的作用。文献研究也表明科学的力量训练可以提升运动员机体的代谢能力并能预防运动损伤，最终可转换为其在篮球场上优异的运动表现。然而，从相关文献和实际调研可以看出，我们的俱乐部球队甚至国家队在力量训练方面还存在诸如力量训练计划安排不合理、不安全等问题。科学、合理的力量训练计划受诸多因素的影响，但最为根本的因素是力量训练动作模式的选择，只有综合考虑篮球运动员的专项需求、个体需求，才能选择最佳的力量训练动作模式系统。

一、中国女篮力量训练的基本要求

在力量训练实践中，很多教练员和运动员没有按照力量训练的要求进行，这样很容易导致运动损伤。以下是中国女篮在力量训练实践中，艾尔教练要求运动员必须达到的基本要求。第一，合适和安全的训练空间。在进行任何力量训练时，务必检查训练场地周围的基本情况，排查一切可能导致运动损伤发生的隐患。虽然这早已是常识，但很容易被忽视。第二，选择合适的重量。选择正确的重量对力量训练尤为重要。在中国女篮训练实践中，为了防止运动损伤，艾尔教练主要采用多次重复的方式测算运动员的最大力量能力。确定最大力量后，根据力量训练的阶段要求安排每次练习的重复次数。第三，正确的呼吸。最简单的原则是在训练开始或肌肉的离心收缩开始前吸气，在动作的完成阶段或肌肉的向心收缩阶段做呼气。比如，运动员做卧推训练，当手臂伸展时呼气，当手臂下放到胸前时吸气。第四，使用腰带。许多运动员会在力量训练时使用腰带。使用腰带是出于安全考虑，保护支持下腰部和腹部，而并非加强背部的力量。许多运动员在进行头上举和奥林匹克举重等动作模式训练时使用腰带来防止运动损伤的发生。第五，保护与帮助。保护与帮助在任何力量训练中都非常重要。在进行保护与帮助的过程中，要时刻关注正在进行力量训练的运动员，帮助运动员安全地进行力量训练，观察其是否使用正确的动作技术、动作是否保持平衡等。第六，合适的移动范围。为了保证肌肉和关节的灵活性，在训练过程中必须保持动作模式的合理活动范围，否则肌肉会缩短，导致运动损伤发生的概率大大增加。比如，在肱二头肌的弯曲训练过程中，如果不能保证动作的幅度，那么长期训练容易导致肱二头肌缩短，这会对运动员的投篮技术产生影响，使运动损伤发生的可能性增大。第七，动作速度。在进行力量训练时，所有的动作模式都要保持可控的速度，速度过快，容易导致动作技术错误并产生运动损伤。爆发性的奥林匹克举重动作模式除外。完成此类动作模式需要在正确技术的前提下以尽可能快的速度完成。第八，组间间歇时间。组间间歇时间根据力量训练的不同阶段和不同目的而定。比如，进行低强度、大运动量的循环力量训练时运动员恢复较快，组间间歇时间为30～60秒，此类力量训练的目的主要是增加肌肉的耐力和代谢能力水平；高强度、低运动量的力量训练主要用于提高运动员的最大力量和爆发力，组间间歇一般控制在3～5分钟。第九，练习顺序。在制订力量训练计划时，首先要考虑大肌肉群的动作模式，随后考虑小肌肉群的动作模式。进行下肢力量训练时，一般遵循硬拉、深蹲、腿部蹬伸、弓步、腿部上台阶这一顺序。进行全身性的力量训练时，要把上下肢的训练分开。在进行全身性的循环力量训练过程中，有些运动员可能要从小肌肉群动作模式开始。这一训练安排是一个例外，但由于循环力量训练主要用于发展运动员的肌肉耐力和代谢能力，练习的顺序可以不受以上原则限制。

二、中国女篮力量训练的经典动作模式分析

表 3–6 是中国女篮力量训练的经典动作模式，本部分主要对卧推、腿部蹬伸、上提和背部伸展四个动作模式在关节、关节运动、运动肌群、稳定肌群四个方面的作用及原理进行分析。

表 3–6　中国女篮力量训练经典动作模式

分类	经典动作模式
上肢	卧推、夹胸、侧平举、三头肌、后三角肌、二头肌、下拉、俯卧撑、引体向上
下肢	单腿屈、单腿半蹲、双腿屈、深蹲、腿部伸展、腓肠肌蹬伸
核心	背部伸展、球上腿弯举
全身	实心球弓步、负重上高台、上提、爆发力器械跳跃

（一）卧推动作模式

卧推动作模式（表 3–7）对于发展肱三头肌、胸大肌及前锯肌有很大作用，而这些肌群正是篮球运动员在对抗、技术运动中非常重要的上肢肌群。比如，前锯肌发达，可以使双手胸前传球的速度与力度加大，提高传球的效率；强壮的胸大肌可以使运动员在防守对抗中占据足够的身体优势；发达的肱三头肌会让运动员在三分线以外的距离轻松投篮，大大提升进攻的空间优势。可以说，卧推是篮球运动抗阻力量训练的必选动作模式，是检测运动员上肢力量的黄金动作模式。

表 3–7　卧推动作模式

动作分析	关节 1	关节 2	关节 3
关节	肘关节	肩关节	肩胛骨
关节运动	向上—伸 向下—屈	向上—水平内收、屈 向下—水平外展、伸	向上—肩胛骨下角稍向上旋转、外展 向下—肩胛骨下角稍微下旋转、内收
运动肌群	肱三头肌、肘肌	胸大肌锁骨部和胸骨部、三角肌前部、喙肱肌	前锯肌
稳定肌群		肌腱袖、肱二头肌	前锯肌、胸小肌、斜方肌下部

（二）腿部蹬伸动作模式

腿部蹬伸动作模式和深蹲动作模式（表 3–8）是中国女篮发展下肢力量经常采用的训练手段。在力量训练的准备阶段，教练员主要采用腿部蹬伸动作模式来发展运动员的最大力量能力，由于这一动作模式可以固定核心区域，教练员不需要太顾虑运动员的腰部损伤就可以加大腿部承载的负荷。腿部蹬伸动作模式主要发展运动员股四头肌、臀大肌及股后肌群的力量。

表 3–8　腿部蹬伸动作模式

动作分析	关节 1	关节 2
关节	髋关节	膝关节
关节运动	向上—伸 向下—屈	向上—伸 向下—屈
运动肌群	臀大肌、腘绳肌	股四头肌
稳定肌群	躯干：腹肌、竖脊肌、腰方肌 髋关节：臀中肌、臀小肌、深层旋外肌肉、内收肌群 小腿：踝关节稳定肌群、腓肠肌	

（三）上提动作模式

上提动作模式（表 3–9）是中国女篮经常采用的一个以发展上肢力量为主的全身性功能动作模式。这一动作模式涉及人体八个关节的跖屈、伸、屈、外展、外旋等协调运动，参与这一动作的主要拉伸肌群和稳定肌群达到二十几种。篮球运动的各项基本技术对于全身性的协调肌肉用力要求很高，这一动作模式训练对于提高篮球运动员的投篮技术动作具有非常大的作用。

表 3–9　上提动作模式

动作分析	关节 1	关节 2	关节 3	关节 4	关节 5	关节 6	关节 7	关节 8
关节	踝关节	膝关节	髋关节	脊柱	肩关节	肩胛骨	肘关节	腕关节
关节运动	向上—跖屈	向上—伸	向上—伸	向上—伸	向上—屈、外展、旋外	向上—上提、向外旋转	向上—屈	向上—伸
主要拉伸的肌肉	腓肠肌、比目鱼肌	股四头肌	臀大肌、腘绳肌	竖脊肌	三角肌、冈上肌、冈下肌、小圆肌、胸大肌	斜方肌上部、肩胛提肌、前锯肌	肱二头肌	桡侧腕长伸肌、尺侧腕伸肌
稳定锯群	脊柱：竖脊肌、腰方肌；肩胛骨：斜方肌中部和下部、肩胛提肌、菱形肌、前据肌；上臂：肌腱袖、三角肌；躯干：腹肌；髋关节：臀大中小肌、髋关节 主要旋外肌群和内收肌群；大腿：股直肌、腘绳肌；小腿下部：踝关节稳定肌群、胫骨前肌、腓肠肌							

（四）背部伸展动作模式

在篮球比赛中，核心的稳定能力对运动员稳定发挥技战术和减少运动损伤具有非常重要的作用。因此，在中国女篮的力量训练实践中，核心力量训练每次都要安排，而背部伸展动作模式（表3–10）是教练员经常采用的训练手段。背部伸展动作模式可以在稳定的固定器械上进行，也可以在非稳定状态下进行。这一动作模式主要发展臀大肌和腿部后侧肌群及竖脊肌，核心肌群则要保持相对稳定的状态。

表3–10 背部伸展动作模式

动作分析	关节1	关节2
关节	向上一伸	向上一伸
关节运动	向下一屈	向下一屈
运动肌群	臀大肌、腘绳肌	竖脊肌
稳定肌群	股直肌、腹肌、菱形肌、竖脊肌	

三、中国女篮集训阶段力量训练安排

中国女篮集训阶段力量训练安排主要分两大类（表3–11、表3–12）：四天分割式和三天全身式。四天分割式的力量训练安排适用于不同等级的运动员，这种安排可以让运动员的主要肌群得到2～3天的休息，可以让上肢或下肢的主要肌群得到充分的训练。三天全身式的力量训练同样适用于不同水平的运动员，这一训练安排可以让运动员有一天休息时间。教练员可以根据具体情况安排星期一、星期三、星期五或星期二、星期四、星期六进行力量训练。在训练过程中，星期一和星期五从下肢训练开始，星期三从上肢训练开始，这样安排可以让肌肉得到充分的休息。训练组数和重复次数主要根据不同训练阶段进行安排。

表 3–11　中国女篮每周四天训练安排

下肢（星期一和星期四）	上肢（星期二和星期五）
1. 挺举或高翻	1. 卧推或引体向上
2. 深蹲或腿部蹬伸、腘绳肌弯曲	2. 坐姿划船、倾斜卧推
3. 弓步、上步、腿部伸展、直腿硬拉、背部伸展	3. 肩部肌肉群
4. 侧弓步、腿部内收及外展、腓肠肌提拉	4. 二头肌和三头肌
5. 核心力量：下背部和腹部	5. 核心力量：腹部

表 3–12　中国女篮每周三天全身力量训练安排

星期一和星期五	星期三
1. 挺举	1. 哑铃卧推、引体向上
2. 深蹲、腿部蹬伸、腘绳肌弯曲	2. 哑铃倾斜卧推、哑铃坐姿划船
3. 直腿硬拉、上台阶、腿部伸展	3. 哑铃侧举、杠铃二头肌、三头肌
4. 侧弓步、腿部内收外展	4. 高翻
5. 卧推、胸大肌训练	5. 弓步、腘绳肌弯曲
6. 上推	6. 腓肠肌提升、背部伸展
7. 二头肌和三头肌	7. 核心力量：腹部和下背部
8. 核心力量：腹部和下背部	

四、中国女篮 12 周力量训练计划

表 3–13 至表 3–24 是中国女篮备战 2013 年东亚运动会集训阶段的 12 周力量训练计划。力量训练采用每周四次的训练模式，训练的负荷量与强度采用金字塔周期安排模型。

表 3-13　中国女篮 12 周力量训练计划（第 1 周）

星期一	热身	百分比（%）	次数（次）	重量	百分比（%）	次数（次）	重量	百分比（%）	次数（次）	重量
	杠铃挂架耸肩或挂架跳跃或挂架举	65	5		65	5				
	杠铃站立肩推或哑铃肩举		5			5				
	拉项目		10			10				
	二头肌项目		10			10				
	平板撑	15～30 秒			15～30 秒			15～30 秒		
星期二	热身	百分比（%）	次数（次）	重量	百分比（%）	次数（次）	重量	百分比（%）	次数（次）	重量
	杠铃前蹲	60	10		60	10				
	杠铃罗马尼亚硬拉（RDL）		10			10				
	单腿项目		10			10				
	杠铃上斜卧推		10			10				
	三头肌项目		10			10				
	腹肌项目		10			10				
星期四	热身	百分比（%）	次数（次）	重量	百分比（%）	次数（次）	重量	百分比（%）	次数（次）	重量
	杠铃挂架耸肩或挂架跳跃或挂架举	60	5		60	5				
	杠铃站立肩推或哑铃肩举		5			5				
	拉项目		10			10				
	二头肌项目		10			10				
	平板撑	15～30 秒			15～30 秒			15～30 秒		
星期五	热身	百分比（%）	次数（次）	重量	百分比（%）	次数（次）	重量	百分比（%）	次数（次）	重量
	后蹲	65	10		65	10				
	杠铃罗马尼亚硬拉（RDL）		10			10				
	单腿项目		10			10				
	杠铃上斜卧推		10			10				
	三头肌项目		10			10				
	腹肌项目		10			10				

表 3–14　中国女篮 12 周力量训练计划（第 2 周）

	热身	百分比（%）	次数（次）	重量	百分比（%）	次数（次）	重量	百分比（%）	次数（次）	重量
星期一	杠铃挂架耸肩或挂架跳跃或挂架举	70	5		70	5		70	5	
	杠铃站立肩推或哑铃肩举		5			5			5	
	拉项目		10			10			10	
	二头肌项目		10			10			10	
	平板撑	15～30 秒			15～30 秒			15～30 秒		
星期二	热身	百分比（%）	次数（次）	重量	百分比（%）	次数（次）	重量	百分比（%）	次数（次）	重量
	杠铃前蹲	65	10		65	10		65	10	
	杠铃罗马尼亚硬拉（RDL）		10			10			10	
	单腿项目		10			10			10	
	杠铃上斜卧推		10			10			10	
	三头肌项目		10			10			10	
	腹肌项目		10			10			10	
星期四	热身	百分比（%）	次数（次）	重量	百分比（%）	次数（次）	重量	百分比（%）	次数（次）	重量
	杠铃挂架耸肩或挂架跳跃或挂架举	65	5		65	5		65	5	
	杠铃站立肩推或哑铃肩举		5			5			5	
	拉项目		10			10			10	
	二头肌项目		10			10			10	
	平板撑	15～30 秒			15～30 秒			15～30 秒		
星期五	热身	百分比（%）	次数（次）	重量	百分比（%）	次数（次）	重量	百分比（%）	次数（次）	重量
	后蹲	70	10		70	10		70	10	
	杠铃罗马尼亚硬拉（RDL）		10			10			10	
	单腿项目		10			10			10	
	杠铃卧推		10			10			10	
	三头肌项目		10			10			10	
	腹肌项目		10			10			10	

表 3-15　中国女篮 12 周力量训练计划（第 3 周）

星期一	热身	百分比（%）	次数（次）	重量	百分比（%）	次数（次）	重量	百分比（%）	次数（次）	重量
	杠铃挂架耸肩或挂架跳跃或挂架举	65	5		65	5		65	5	
	杠铃站立肩推或哑铃肩举		5			5			5	
	拉项目		10			10			10	
	二头肌项目		10			10			10	
	平板撑	30～45 秒			30～45 秒			30～45 秒		
星期二	热身	百分比（%）	次数（次）	重量	百分比（%）	次数（次）	重量	百分比（%）	次数（次）	重量
	杠铃前蹲	60	10		60	10		60	10	
	杠铃罗马尼亚硬拉（RDL）		10			10			10	
	单腿项目		10			10			10	
	杠铃上斜卧推		10			10			10	
	三头肌项目		10			10			10	
	腹肌项目		10			10			10	
星期四	热身	百分比（%）	次数（次）	重量	百分比（%）	次数（次）	重量	百分比（%）	次数（次）	重量
	杠铃挂架耸肩或挂架跳跃或挂架举	60	5		60	5		60	5	
	杠铃站立肩推或哑铃肩举		5			5			5	
	拉项目		10			10			10	
	二头肌项目		10			10			10	
	平板撑	30～45 秒			30～45 秒			30～45 秒		
星期五	热身	百分比（%）	次数（次）	重量	百分比（%）	次数（次）	重量	百分比（%）	次数（次）	重量
	杠铃后蹲	65	10		65	10		65	10	
	杠铃罗马尼亚硬拉（RDL）		10			10			10	
	单腿项目		10			10			10	
	杠铃斜上卧推		10			10			10	
	三头肌项目		10			10			10	
	腹肌项目		10			10			10	

表 3－16　中国女篮 12 周力量训练计划（第 4 周）

星期一	热身	百分比（%）	次数（次）	重量	百分比（%）	次数（次）	重量	百分比（%）	次数（次）	重量
	杠铃挂架耸肩或挂架跳跃或挂架举	75	5		75	5		75	5	
	杠铃站立肩推或哑铃肩举		5			5			5	
	拉项目		10			10			10	
	二头肌项目		10			10			10	
	平板撑	30～45 秒			30～45 秒			30～45 秒		
星期二	热身	百分比（%）	次数（次）	重量	百分比（%）	次数（次）	重量	百分比（%）	次数（次）	重量
	杠铃前蹲	70	10		70	10		70	10	
	杠铃罗马尼亚硬拉（RDL）		10			10			10	
	单腿项目		10			10			10	
	杠铃上斜卧推		10			10			10	
	三头肌项目		10			10			10	
	腹肌项目		10			10			10	
星期四	热身	百分比（%）	次数（次）	重量	百分比（%）	次数（次）	重量	百分比（%）	次数（次）	重量
	杠铃挂架耸肩或挂架跳跃或挂架举	70	5		70	5		70	5	
	杠铃站立肩推或哑铃肩举		5			5			5	
	拉项目		10			10			10	
	二头肌项目		10			10			10	
	平板撑	30～45 秒			30～45 秒			30～45 秒		
星期五	热身	百分比（%）	次数（次）	重量	百分比（%）	次数（次）	重量	百分比（%）	次数（次）	重量
	后蹲	75	10		75	10		75	10	
	杠铃罗马尼亚硬拉（RDL）		10			10			10	
	单腿项目		10			10			10	
	杠铃斜上卧推		10			10			10	
	三头肌项目		10			10			10	
	腹肌项目		10			10			10	

表 3–17　中国女篮 12 周力量训练计划（第 5 周）

星期一	热身	百分比（%）	次数（次）	重量	百分比（%）	次数（次）	重量	百分比（%）	次数（次）	重量
	杠铃悬挂耸肩或悬挂跳跃或悬挂举	75	5		75	5		75	5	
	杠推拉或站立肩式推		5			5			5	
	拉项目		5			5			5	
	拉项目		5			5			5	
	平板撑	15～30 秒			15～30 秒			15～30 秒		
星期二	热身	百分比（%）	次数（次）	重量	百分比（%）	次数（次）	重量	百分比（%）	次数（次）	重量
	杠铃前蹲	70	5		70	5		70	5	
	杠铃罗马尼亚硬拉（RDL）		5			5			5	
	单腿项目		5			5			5	
	杠铃卧推或哑铃卧推		5			5			5	
	三头肌项目		5			5			5	
星期四	热身	百分比（%）	次数（次）	重量	百分比（%）	次数（次）	重量	百分比（%）	次数（次）	重量
	杠铃挂架耸肩或挂架跳跃或挂架举	70	5		70	5		70	5	
	杠铃站立肩推或哑铃肩举		5			5			5	
	拉项目		5			5			5	
	拉项目		5			5			5	
	平板撑	15～30 秒			15～30 秒			15～30 秒		
星期五	热身	百分比（%）	次数（次）	重量	百分比（%）	次数（次）	重量	百分比（%）	次数（次）	重量
	后蹲	75	5		75	5		75	5	
	杠铃罗马尼亚硬拉（RDL）		5			5			5	
	单腿项目		5			5			5	
	杠铃卧推或哑铃卧推		5			5			5	
	三头肌项目		5			5			5	

表 3–18　中国女篮 12 周力量训练计划（第 6 周）

星期一	热身	百分比（%）	次数（次）	重量	百分比（%）	次数（次）	重量	百分比（%）	次数（次）	重量
	杠铃悬挂耸肩或悬挂跳跃或悬挂举	80	5		80	5		80	5	
	杠推拉或站立肩式推		5			5			5	
	拉项目		5			5			5	
	拉项目		5			5			5	
	平板撑	15～30 秒			15～30 秒			15～30 秒		
星期二	热身	百分比（%）	次数（次）	重量	百分比（%）	次数（次）	重量	百分比（%）	次数（次）	重量
	杠铃前蹲	75	5		75	5		75	5	
	杠铃罗马尼亚硬拉（RDL）		5			5			5	
	单腿项目		5			5			5	
	杠铃卧推或哑铃卧推		5			5			5	
	三头肌项目		5			5			5	
星期四	热身	百分比（%）	次数（次）	重量	百分比（%）	次数（次）	重量	百分比（%）	次数（次）	重量
	杠铃挂架耸肩或挂架跳跃或挂架举	75	5		75	5		75	5	
	杠铃站立肩推或哑铃肩举		5			5			5	
	拉项目		5			5			5	
	拉项目		5			5			5	
	平板撑	15～30 秒			15～30 秒			15～30 秒		
星期五	热身	百分比（%）	次数（次）	重量	百分比（%）	次数（次）	重量	百分比（%）	次数（次）	重量
	后蹲	80	5		80	5		80	5	
	杠铃罗马尼亚硬拉（RDL）		5			5			5	
	单腿项目		5			5			5	
	杠铃卧推或哑铃卧推		5			5			5	
	三头肌项目		5			5			5	

表 3-19 中国女篮 12 周力量训练计划（第 7 周）

	热身	百分比（%）	次数（次）	重量	百分比（%）	次数（次）	重量	百分比（%）	次数（次）	重量
星期一	杠铃悬挂耸肩或悬挂跳跃或悬挂举	75	5		75	5		75	5	
	杠推拉或站立肩式推		5			5			5	
	拉项目		5			5			5	
	拉项目		5			5			5	
	平板撑	30～45 秒			30～45 秒			30～45 秒		
星期二	热身	百分比（%）	次数（次）	重量	百分比（%）	次数（次）	重量	百分比（%）	次数（次）	重量
	杠铃前蹲	70	5		70	5		70	5	
	杠铃罗马尼亚硬拉（RDL）		5			5			5	
	单腿项目		5			5			5	
	杠铃卧推或哑铃卧推		5			5			5	
	三头肌项目		5			5			5	
星期四	热身	百分比（%）	次数（次）	重量	百分比（%）	次数（次）	重量	百分比（%）	次数（次）	重量
	杠铃挂架耸肩或挂架跳跃或挂架举	70	5		70	5		70	5	
	杠铃站立肩推或哑铃肩举		5			5			5	
	拉项目		5			5			5	
	拉项目		5			5			5	
	平板撑	30～45 秒			30～45 秒			30～45 秒		
星期五	热身	百分比（%）	次数（次）	重量	百分比（%）	次数（次）	重量	百分比（%）	次数（次）	重量
	后蹲	75	5		75	5		75	5	
	杠铃罗马尼亚硬拉（RDL）		5			5			5	
	单腿项目		5			5			5	
	杠铃卧推或哑铃卧推		5			5			5	
	三头肌项目		5			5			5	

表 3-20 中国女篮 12 周力量训练计划（第 8 周）

	热身	百分比（%）	次数（次）	重量	百分比（%）	次数（次）	重量	百分比（%）	次数（次）	重量
星期一	杠铃悬挂耸肩或悬挂跳跃或悬挂举	85	5		85	5		85	5	
	杠推拉或站立肩式推		5			5			5	
	拉项目		5			5			5	
	拉项目		5			5			5	
	平板撑	30～45 秒			30～45 秒			30～45 秒		
星期二	热身	百分比（%）	次数（次）	重量	百分比（%）	次数（次）	重量	百分比（%）	次数（次）	重量
	杠铃前蹲	80	5		80	5		80	5	
	杠铃罗马尼亚硬拉（RDL）		5			5			5	
	单腿项目		5			5			5	
	杠铃卧推或哑铃卧推		5			5			5	
	三头肌项目		5			5			5	
星期四	热身	百分比（%）	次数（次）	重量	百分比（%）	次数（次）	重量	百分比（%）	次数（次）	重量
	杠铃挂架耸肩或挂架跳跃或挂架举	80	5		80	5		80	5	
	杠铃站立肩推或哑铃肩举		5			5			5	
	拉项目		5			5			5	
	拉项目		5			5			5	
	平板撑	30～45 秒			30～45 秒			30～45 秒		
星期五	热身	百分比（%）	次数（次）	重量	百分比（%）	次数（次）	重量	百分比（%）	次数（次）	重量
	后蹲	85	5		85	5		85	5	
	杠铃罗马尼亚硬拉（RDL）		5			5			5	
	单腿项目		5			5			5	
	杠铃卧推或哑铃卧推		5			5			5	
	三头肌项目		5			5			5	

表 3-21　中国女篮 12 周力量训练计划（第 9 周）

星期一	热身	百分比（%）	次数（次）	重量	百分比（%）	次数（次）	重量	百分比（%）	次数（次）	重量
	杠铃悬挂耸肩或悬挂跳跃或悬挂举	75	5		75	5		75	5	
	杠推拉或站立肩式推		5			5			5	
	拉项目		5			5			5	
	拉项目		5			5			5	
	平板撑	15～30 秒			15～30 秒			15～30 秒		
星期二	热身	百分比（%）	次数（次）	重量	百分比（%）	次数（次）	重量	百分比（%）	次数（次）	重量
	杠铃前蹲	70	5		70	5		70	5	
	杠铃罗马尼亚硬拉（RDL）		5			5			5	
	单腿项目		5			5			5	
	杠铃卧推或哑铃卧推		5			5			5	
	三头肌项目		5			5			5	
星期四	热身	百分比（%）	次数（次）	重量	百分比（%）	次数（次）	重量	百分比（%）	次数（次）	重量
	杠铃挂架耸肩或挂架跳跃或挂架举	70	5		70	5		70	5	
	杠铃站立肩推或哑铃肩举		5			5			5	
	拉项目		5			5			5	
	拉项目		5			5			5	
	平板撑	15～30 秒			15～30 秒			15～30 秒		
星期五	热身	百分比（%）	次数（次）	重量	百分比（%）	次数（次）	重量	百分比（%）	次数（次）	重量
	后蹲	75	5		75	5		75	5	
	杠铃罗马尼亚硬拉（RDL）		5			5			5	
	单腿项目		5			5			5	
	杠铃卧推或哑铃卧推		5			5			5	
	三头肌项目		5			5			5	

表 3–22　中国女篮 12 周力量训练计划（第 10 周）

星期一	热身	百分比（%）	次数（次）	重量	百分比（%）	次数（次）	重量	百分比（%）	次数（次）	重量
	杠铃悬挂耸肩或悬挂跳跃或悬挂举	80	5		80	5		80	5	
	杠推拉或站立肩式推		5			5			5	
	拉项目		5			5			5	
	拉项目		5			5			5	
	平板撑	15～30 秒			15～30 秒			15～30 秒		
星期二	热身	百分比（%）	次数（次）	重量	百分比（%）	次数（次）	重量	百分比（%）	次数（次）	重量
	杠铃前蹲	75	5		75	5		75	5	
	杠铃罗马尼亚硬拉（RDL）		5			5			5	
	单腿项目		5			5			5	
	杠铃卧推或哑铃卧推		5			5			5	
	三头肌项目		5			5			5	
星期四	热身	百分比（%）	次数（次）	重量	百分比（%）	次数（次）	重量	百分比（%）	次数（次）	重量
	杠铃挂架耸肩或挂架跳跃或挂架举	75	5		75	5		75	5	
	杠铃站立肩推或哑铃肩举		5			5			5	
	拉项目		5			5			5	
	拉项目		5			5			5	
	平板撑	15～30 秒			15～30 秒			15～30 秒		
星期五	热身	百分比（%）	次数（次）	重量	百分比（%）	次数（次）	重量	百分比（%）	次数（次）	重量
	后蹲	80	5		80	5		80	5	
	杠铃罗马尼亚硬拉（RDL）		5			5			5	
	单腿项目		5			5			5	
	杠铃卧推或哑铃卧推		5			5			5	
	三头肌项目		5			5			5	

表 3-23　中国女篮 12 周力量训练计划（第 11 周）

星期一	热身	百分比（%）	次数（次）	重量	百分比（%）	次数（次）	重量	百分比（%）	次数（次）	重量
	杠铃悬挂耸肩或悬挂跳跃或悬挂举	75	5		75	5		75	5	
	杠铃推拉或站立肩式推		5			5			5	
	拉项目		5			5			5	
	拉项目		5			5			5	
	平板撑	30～45 秒			30～45 秒			30～45 秒		
星期二	热身	百分比（%）	次数（次）	重量	百分比（%）	次数（次）	重量	百分比（%）	次数（次）	重量
	杠铃前蹲	70	5		70	5		70	5	
	杠铃罗马尼亚硬拉（RDL）		5			5			5	
	单腿项目		5			5			5	
	杠铃卧推或哑铃卧推		5			5			5	
	三头肌项目		5			5			5	
星期四	热身	百分比（%）	次数（次）	重量	百分比（%）	次数（次）	重量	百分比（%）	次数（次）	重量
	杠铃挂架耸肩或挂架跳跃或挂架举	70	5		70	5		70	5	
	杠铃站立肩推或哑铃肩举		5			5			5	
	拉项目		5			5			5	
	拉项目		5			5			5	
	平板撑	30～45 秒			30～45 秒			30～45 秒		
星期五	热身	百分比（%）	次数（次）	重量	百分比（%）	次数（次）	重量	百分比（%）	次数（次）	重量
	后蹲	75	5		75	5		75	5	
	杠铃罗马尼亚硬拉（RDL）		5			5			5	
	单腿项目		5			5			5	
	杠铃卧推或哑铃卧推		5			5			5	
	三头肌项目		5			5			5	

表 3–24　中国女篮 12 周力量训练计划（第 12 周）

星期一	热身	百分比（%）	次数（次）	重量	百分比（%）	次数（次）	重量	百分比（%）	次数（次）	重量
	杠铃悬挂耸肩或悬挂跳跃或悬挂举	85	5		85	5		85	5	
	杠推拉或站立肩式推		5			5			5	
	拉项目		5			5			5	
	拉项目		5			5			5	
	平板撑	30～45 秒			30～45 秒			30～45 秒		
星期二	热身	百分比（%）	次数（次）	重量	百分比（%）	次数（次）	重量	百分比（%）	次数（次）	重量
	杠铃前蹲	80	5		80	5		80	5	
	杠铃罗马尼亚硬拉（RDL）		5			5			5	
	单腿项目		5			5			5	
	杠铃卧推或哑铃卧推		5			5			5	
	三头肌项目		5			5			5	
星期四	热身	百分比（%）	次数（次）	重量	百分比（%）	次数（次）	重量	百分比（%）	次数（次）	重量
	杠铃挂架耸肩或挂架跳跃或挂架举	80	5		80	5		80	5	
	杠铃站立肩推或哑铃肩举		5			5			5	
	拉项目		5			5			5	
	拉项目		5			5			5	
	平板撑	30～45 秒			30～45 秒			30～45 秒		
星期五	热身	百分比（%）	次数（次）	重量	百分比（%）	次数（次）	重量	百分比（%）	次数（次）	重量
	后蹲	85	5		85	5		85	5	
	杠铃罗马尼亚硬拉（RDL）		5			5			5	
	单腿项目		5			5			5	
	杠铃卧推或哑铃卧推		5			5			5	
	三头肌项目		5			5			5	

第五节 速度训练

篮球是一项追求速度的运动。篮球场长 28 米，宽 15 米，而且比赛的大部分时间是在一个较小的区域内进行的，比如集中在一个半场。因此，运动员必须在最短时间内达到最快的速度，才能在场上打败或防守住对位运动员。运动员在场上向前跑动、后退跑动和跑各种弧线，必须随时准备好从防守的姿势转换成全速进攻跑动。在某些情况下，运动员刚刚后退跑动，一瞬间就要变向，尽全力往前加速跑动。

在进攻中，运动员常常需要往一侧做假动作，然后马上改变方向冲刺到场上另外一个位置。一个很典型的例子就是进攻队员经常要从限制区顶弧做“V”形切入，转换方向，跑动掩护，然后冲刺到对角接球，运动员的跑动路线更接近一条弧线。防守队员则必须紧跟他所盯防的对方运动员，所以他必须尽全力冲刺来跟上对方运动员。防守方抢到篮板球后，双方场上队员都必须以最快的速度加速，往对侧半场跑动。进攻方在快攻中通过全速冲刺超过所有防守队员上篮，而防守方则必须随时准备追上快攻队员，这就要求防守队员要迅速从缓慢移动的状态转换到全速跑动。攻防双方运动员都必须随时准备从静止的状态转换到全速跑动，以完成教练员安排的攻防任务。举个例子，运动员可能站在球场的一角，而球在球场对侧队友的手里，他必须全速冲刺到球场的另外一侧，以便接队友的传球完成投篮，而防守他的对方运动员同样需要全力冲刺来跟上他。篮球运动也需要运动员在运球条件下的冲刺能力，所以运动员的运球能力同样也决定了该运动员加速和跑动的速度。让运动员以平常 5 倍的速度尽全力去摆臂是一种很好的提高脚步速度的方法，同时也必须改善运动员起动时前五步的加速技术，强调前五步的步幅要逐步加大。

大部分的篮球运动员都缺乏正确的跑动技术。比如，手臂动作不佳、步幅过长等，这些都会降低运动员的速度。本部分将介绍正确的跑步技术、加速技巧及发展运动员快速的手脚动作和体能训练的方法。许多球队都会测试运动员的半场冲刺速度，根据场上位置的不同，要求达到1.8～2.3秒的成绩。通过学习正确的跑动和加速技术，运动员可以将半场冲刺的时间缩短0.1～0.2秒，这种速度的提高对于运动员是很重要的。

一、技术和训练方法讲解

正确的跑动技术能够保证蹬地力和产生的加速效果都集中作用于向前的方向。运动员必须随时加强和保持良好的跑动技术。跑动技术由手臂动作、髋部动作、身体倾斜度和跑动步幅四个部分组成。

（一）动作技术：手臂、髋部和身体倾斜度

1. 摆臂速度决定腿部摆动速度

跑动时手臂必须在跑动的方向上沿直线进行前后摆动而不能朝别的方向摆动，否则会导致肩部左右晃动，使上半身产生与直线跑动方向相反的力。正确的手臂动作的第一个要素是手臂的摆动，关键是保持肩部下垂和放松。手臂要沿一个平面进行前后自由摆动。运动员的手臂要靠近躯干，贴着球衣侧面进行摆动。

运动员还要掌握合适的手臂弯曲角度。肘关节要弯曲成105°，从肩部开始摆动。这个技术环节的关键同样是手臂在一条直线上进行前后摆动，而且肘关节的角度要保持不变。手臂弯曲角度减小会降低杠杆力，从而使相应的腿部推动力变小。当手臂后摆时，手掌不能超过髋关节，前摆时高度也不能

超过肩部和胸大肌之间的位置。手臂动作控制腿部动作，运动员手臂摆动的效率越高，腿部移动的速度也越快，这样运动员在场上跑动的速度也会越快。正确的手臂动作包括肩部的放松、手臂在一个方向上前后摆动、合适的手臂弯曲角度及舒适的手掌位置。运动员最好能在一个镜子前进行手臂动作技术的练习，因为这样可以观察到自己的动作技术，进而纠正和调整手臂的动作。

具体到练习方法，运动员想象自己在敲打鼓面在髋部高度的架子鼓。“敲鼓”动作需要运动员进行快速而有力的手臂动作，运动员的手臂回摆越有力，对侧的腿下一步的后蹬也就越有力。

下面介绍一套很好的练习“敲鼓”动作的方法：让运动员坐在地板上，双腿伸直。手臂快速上下摆动，强调要向下用力敲打想象中的鼓面。如果手臂动作正确，那么反作用力会使运动员的身体轻微地从地板上弹起。很重要的一点是要让运动员肘关节的弯曲角度保持不变。

2. 髋关节动作

“8”字形摆髋是训练髋关节动作的一种方法。让运动员向前走动，“8”字形摆髋动作做充分，做夸张。骨盆要向前转动，使动作的幅度达到最大。髋关节越放松越好，如果髋关节太紧张，就会限制跑动时抬膝的高度，从而减小步幅，减小向前的驱动力，降低跑动的速度。因此髋关节在跑动中要尽量松弛和打开。

3. 身体倾斜度

冲刺是一个有节奏的重复失去和恢复身体平衡的过程。合适的身体倾斜度能够最大效率地利用这种现象，获得最快的速度。下面介绍一种训练合适的身体倾斜度的方法：运动员自然站立，手臂按要求保持跑步时的位置，身体往前倒，直至往前迈出第一步。当身体达到合适的身体倾斜度时，就会自然地往前迈出第一步。背部要保持笔直，髋关节要与身体处于同一条直线上，而且要保持挺拔的体态。

（二）跑动步幅：ABC 训练方法

跑动的步幅根据教学和训练要求，可以分解为三个进阶的训练：提膝（A 训练方法），前腿往前伸，积极回收下压（B 训练方法）及后腿伸展（C 训练方法）。

1. 抬高膝关节

抬高膝关节训练分为三个阶段。第一阶段是将膝关节抬高，然后放下，往前抬腿走。强调的动作是始终保持前脚掌着地，并且在膝关节抬高的时候往上提腿。摆动腿的大腿要和地面平行，支撑腿要保持笔直。勾脚尖，脚掌处于抬高膝关节的正下方。第二阶段是换腿，膝关节抬高到高抬腿跳跃的高度。第三阶段是提膝训练的最后一个阶段，这个阶段是提膝跑。随着运动员训练水平的提高，应该做到每米跑三步。

2. 前腿往前伸，积极回收下压

在这一阶段的训练中，运动员往前走，并且抬起摆动腿的膝关节，勾脚伸展小腿，向后扒地（积极地向后），然后脚跟向上够臀部。

运动员在伸展小腿之前要把提膝动作做充分。积极的扒地动作非常重要，因为运动员扒地越用力，地面给足底的反作用力越大，给运动员往前的推动力也越大。扒地的脚应该靠近支撑脚着地，这样能够最大限度地利用推动力。如果扒地的脚离运动员的支撑脚太远，动量会被地面吸收，扒地的能量会大

幅降低。这个训练方法的关键在于积极扒地的动作。摆动腿落地的动作必须缓慢，同时强调保持身体倾斜度。摆动腿着地时，运动员的上半身必须在身体重心的前面，而且必须是前脚掌着地，而不能整个脚掌着地。积极扒地要强调用力扒地的动作，然后脚跟向上去够臀部。勾脚尖和脚跟上够臀部是个跟进动作，可以让腿部和脚掌处于一个合适的位置，从而快速有效地重复驱动动作。这个训练方法对于加强冲刺动作需要的腘绳肌和臀肌力量也是非常有益的。

3. 后腿伸展（跨步跳）

在跨步跳训练中，摆动腿要按照 A 训练的要求抬腿。重点就是要尽量往高处跳，摆动腿的膝关节尽力往上提，蹬地腿用力蹬地，完全伸展。当摆动腿的膝关节下落的时候，运动员做交换左右两条腿的动作。

在进行跨步跳的过程中，重点强调的是后腿的蹬伸。在这个训练中，运动员每一步换一次腿，即右腿—左腿—右腿—左腿。前腿的膝关节往上提，并且保持腾空，同时后腿充分蹬地或伸展。鼓励运动员延长腾空时间，同时跨步距离也很重要。要注意后腿的完全伸展，用脚趾蹬离地面。整个训练过程要保持正确的手臂动作。

4. 足跟踢臀部训练

柔韧性和良好的后踢技术会增加运动员的关节活动度，加大运动员的步幅。足跟踢臀部是提高运动员步幅的另一种训练方式。运动员在场地上跑动时，要用两只脚的脚跟交替往上踢，且都要碰到臀部。

提高难度的进阶训练方法是要让往前移动的速度变慢，而足跟要用最快的速度向上踢到臀部，同时要控制好身体的平衡。整个训练过程要保持正确的摆臂动作：保持肘关节弯曲角度，放松地从肩部往下摆，然后有力地向后摆。

ABC 训练方法也可以在提高速度耐力和力量的训练课程中应用。在所有水平的训练中，始终保持正确的冲刺技术动作是非常重要的。这些训练方法可以在运动员的赛季中应用，也可以在运动员的休赛期应用，最好能够在每天的热身训练中运用这些训练方法。

二、加速训练

（一）四步训练方法

四步训练方法可以帮助运动员发展快速加速的能力。运动员起跑时的前 4～5 步非常重要，必须充分发挥自己的爆发力。这个训练主要是教会运动员在从静止状态转换到全速冲刺状态的过程中，如何逐渐增加步幅。这个训练必须和跑步技术结合在一起成为每天热身练习的一部分。

当运动员熟练掌握加速技术后，可以要求运动员运球时进行加速。在球场两端按照四步加速距离进行标记（图 3–10）。球场的每侧贴 6 排标志点。四步的距离如下：起跑线和第一步之间 76 厘米，第一步和第二步之间 101 厘米，第二步和第三步之间 127 厘米，第三步和第四步之间 152 厘米。

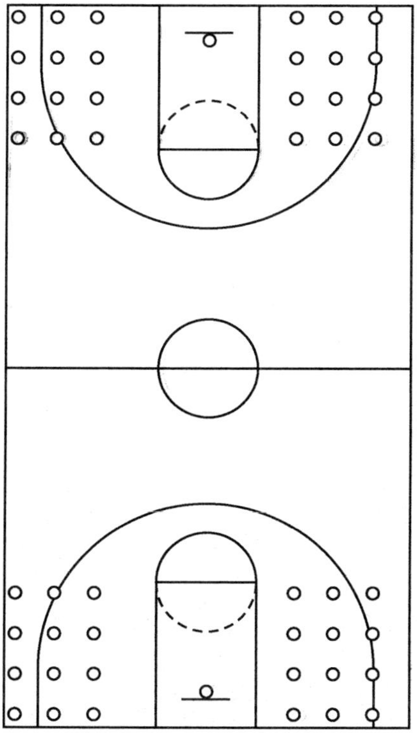

图 3-10　篮球场上的四步速度训练

运动员站在起跑线后面。第一趟加速跑只用达到自己最大速度的四分之一，并且第一步和第二步之间要避免犹豫和停顿。每一步都要落在相邻两个标记点的中间位置，其中平稳的加速过程非常重要。运动员要像飞机起飞一样，在起跑过程中逐渐将身体调整到合适的位置。这个过程强调手臂要用力向后摆动，摆臂的力度越大，对侧腿部的驱动力也就越大。运动员在接下来的加速跑中逐渐提高到用一半最大速度来跑，然后过渡到四分之三最大速度，最后过渡到用全速加速跑。运动员的所有跑步训练，起跑阶段都必须通过起跑加速标记区。

（二）低栏架侧身跑和加速跑

运动员通过一组高 7.6 厘米的低栏架进行侧身跑，然后加速通过两侧的四步加速软梯（图 3–11）。在这个练习中，运动员也可以背对加速软梯进行侧身跑，然后急转身，加速通过软梯。每个方向做 10 组练习。

图 3–11　加速软梯与低栏架训练

（三）3 人接力全场冲刺

将运动员分队，每队 3 人。其中两个人在一边的端线，另外一个人在另一边的端线。每个运动员都要通过加速标志点进行跑动。运动员 1 用最快的速度跑到另外一边的端线，运动员 1 到达端线时，运动员 2 开始跑，冲向对面的端线。运动员 2 到达时，运动员 3 开始跑，冲刺到对面的端线。这 3 名运动员按照这个流程重复跑动，完成规定的组数。教练员通常安排 10～15 组。运动员的四步训练技术进步后，可要求运动员在起跑加速过程中运球前进。

三、快速手臂和脚步动作训练

这个训练方法的目的是改善运动员的手臂和脚步速度，同时也可以提高运动员平稳加速的能力。在这个训练中，始终强调正确的跑步技术。通过这个训练，运动员的手臂和脚步速度能得到提高，正确的加速技术也能得到练习。

在球场上放置间隔距离不断增大的木片、塑料片或胶布作为标记物。运动员起跑时，每步要踏在两个标记物中间的位置。运动员在进行加速的过程中，步幅不断增大。第一个标记物和起跑线的距离为 46 厘米，从第一个标记物开始算，每个相邻标记物之间的距离依次为 61 厘米、76 厘米、91 厘米、101 厘米和 122 厘米（图 3–12）。

起跑线	46 厘米	61 厘米	76 厘米	91 厘米	101 厘米	122 厘米

图 3–12　中国女篮逐渐增加步幅的速度训练

需要注意的是，这些训练方法是专门设计用来发展快速的手脚动作的。前六步加速标志点及低栏架之间的距离是在正常的加速和跑动步幅的基础上，故意进行了缩短。这个训练中的加速阶段可以帮助运动员从静止站立状态迅速平稳地转换到跑动状态。

在完成加速之后（此训练的第一个阶段），运动员继续进行冲刺，通过 10 个同等高度的低栏架。低栏架的高度可以分别设置为 7.6 厘米、12.7 厘米和 17.8 厘米，并且按照设定的栏间距离摆放。7.6 厘米高的低栏架栏间距是 122 厘米，12.7 厘米高的低栏架栏间距是 137 厘米，17.8 厘米高的低栏架栏间距是 152 厘米。刚开始训练时使用 7.6 厘米高的低栏架，等运动员适应和掌握了要领后，逐渐用更高的低栏架来训练。

在加入加速训练内容之前，让运动员先练习简单地跑过按一定距离摆放的低栏架。让运动员依次用一只脚在两个低栏架之间着地，提高难度后，每次跑动两只脚都要在两个低栏架之间着地，这种跑动要求运动员的摆臂速度要非常快。另外，必要时让运动员训练每次用不同的腿先跨过第一个栏架。表 3–25 是中国女篮速度发展训练经常采用的方案。

表 3–25　中国女篮速度发展训练方案

数量	高度	类型
Ⅰ. 10×10 个以上栏架	7.6 厘米低栏架	匀速跑
Ⅱ. 10×10 个以上栏架	7.6 厘米低栏架	结合加速跑
5×10 个以上栏架	12.7 厘米低栏架	结合加速跑
5×10 个以上栏架	17.8 厘米低栏架	结合加速跑
Ⅲ 10×10 个以上栏架	7.6 厘米低栏架	结合加速跑
10×10 个以上栏架	12.7 厘米低栏架	结合加速跑
10×10 个以上栏架	17.8 厘米低栏架	结合加速跑

这个训练方法可以采用单腿或双腿在两个栏架之间着地的方式完成。跑过 10 个栏架的速度非常重要。

四、“弹弓”训练法（提高前 4 步速度的绝佳训练方法）

将强力皮筋套在运动员的腰间，训练伙伴在身后拉住皮筋提供阻力，运动员尽力摆臂蹬地，往前冲刺训练要求的距离。运动员听到“出发”口令后，对抗皮筋阻力向前冲刺。在后面拉皮筋的运动员让皮筋拉着自己也往前跑，然后以 4～5 步非常快的脚步加速，超过在前面跑的运动员。

五、速度发展训练注意事项

以下是速度发展训练中需要注意的事项，这些技术要点能够充分发挥运动员的速度潜力，同时也可以作为正式训练前的专项练习。

第一，保持肘部弯曲角度为105°，在训练过程中这个角度要保持不变。

第二，在摆臂过程中，往前摆动时手掌不能超过肩膀，往后摆动时手掌不能超过臀部。

第三，摆动腿要达到大腿与地面大致平行的位置。当摆动腿到达这个位置时，脚踝处于膝关节的正下方，并且微勾脚尖。

第四，手臂的动作：

（1）想象髋关节高度处有一面鼓，以及为什么要打这面鼓。

（2）解释为什么手臂要贴着球衣在体侧摆动。

（3）必须强调摆臂对于发展速度非常重要（手臂速度决定腿部速度）。

第五，讲解A训练方法：

（1）脚掌在膝关节后面。

（2）支撑腿要保持笔直。

（3）身体前倾，抬头挺胸。

（4）冲刺过程是一个有节奏的身体重复失去和恢复平衡的过程。

第六，B训练方法：

（1）抬高膝关节及摆动腿的伸展。

（2）为什么要做扒地动作（牛顿定律）。

（3）讲解扒地脚的着地位置和原因。

（4）讲解勾脚尖的动作和足跟的位置。

第七，C训练方法：

（1）解释后腿的伸展和后蹬。

（2）强调膝关节的发力。

第八，加速能力训练方法：

（1）让运动员想象自己在进行四挡变速，以此来解释为什么需要训练他们的脚步速度。

（2）起步时强有力的摆臂驱动力对于爆发性的第一步至关重要。

（3）摆臂动作（摆臂速度决定腿部的速度）。

第九，快速的手臂—脚步动作训练方法：

（1）练习平稳、脚步快捷的加速动作。

（2）强调摆臂动作决定腿部摆动，快速的摆臂动作非常重要。

（3）通过加高栏架和要求双脚都要在两栏之间着地来提高训练难度。

第六节　超等长肌肉训练

尤里·弗索尚斯基（Yuri Vershoshansky）博士在20世纪60年代提出了一套运动训练方法，将爆发力训练引入运动员的身体训练领域。苏联的田径跳跃项目教练将几种单腿和双腿跳跃动作组合在一起，形成了一套系统的训练方案，并起名为“冲击训练”。在那个时期，苏联将这种跳跃训练作为备战大赛的一种必用训练手段，它还在体坛占据了主导地位。瓦莱里·博尔佐夫（Valerie Borzov）在1972年的奥运会上获得了100米短跑的金牌，他将他的成功归功于这种“冲击训练”。自此之后，讨论这种跳跃训练的文章才最终被发表。

1975年，美国田径教练弗雷德·维尔特（Fred Wilt）专门提到了这种类型的跳跃训练，并且使用了“肌肉超等长收缩训练”（plyometrics）这个名词。肌肉超等长训练由拉丁语中“增加”和“度量”的词根组合而成，简单来说，就是“可以度量的增加”。

20世纪70年代末期和80年代初期，唐纳德·褚（Donald Chu）博士成为研究肌肉超等长收缩训练及其优势的权威，并且发表了大量相关的文章。如今关于肌肉超等长收缩训练方面的研究讨论，都将他的研究成果作为标杆。

肌肉超等长收缩训练的最终训练效果是运动员爆发力的提高。有一个简单的公式：爆发力=速度+力量。训练的目标是让神经系统能够在最短的时间内，快速地从拉长肌肉（离心收缩）阶段转换到缩短肌肉（向心收缩）阶段，用来说明这种现象的一个名词叫 “拉伸反射”。

篮球运动中的主要动作都是由上肢和下肢的超等长运动组成的。篮球运动中拉伸反射的典型例子就是上篮或扣篮。运动员在离地（缩短）前，都会先降低重心（拉伸）。跳投、罚球、抢篮板和传球则是向心或离心运动的其他表现形式。现在的运动员已经很聪明地将肌肉超等长训练加入他们的整个力量和体能训练方案。快速和有爆发力的动作及超强的跳跃能力是篮球运动员获得场上良好表现所必需的。采用精心安排的系统肌肉超等长收缩训练方案进行训练，运动员的篮球技术也能得到加强。表3–26是肌肉超等长收缩训练可以发展的篮球场上的技术。

表3–26　通过超等长训练发展的篮球场上的技术

技术	原地纵跳	立定跳	组合跳	跳台训练	跳跃	跳深
启动速度（发动快攻）	√	√	√			√
加速（迅速退防）			√	√	√	
改变方向（防守移动）		√	√	√		√
纵跳（抢篮板）	√	√	√	√		√

一、负重超等长训练对于运动员力量水平的要求

运动员上肢和下肢的力量必须达到足够的水平，才能保证进行高强度的负重超等长训练方案时的安全性。有几种方法可以用来测试运动员是否能够进行负重超等长训练。在下肢力量测试方面，唐纳德·褚博士推荐对运动员进行如下测试，运动员必须在 5 秒内完成 5 个深蹲（负重为自身体重 60%的重量），这样才能进行负重超等长训练。另外一种测试方法要求运动员克服和自身体重相等的阻力，最少完成 10 次单腿坐蹬。苏联要求运动员克服相当于自身体重 1.5～2 倍的阻力，完成一个深蹲。因为很多技术动作都是单腿完成的，所以建议运动员用单腿完成静态站立和四分之一蹲，而且每个动作在睁眼和闭眼的条件下至少都要保持 30 秒以上。

在上肢力量测试方面，内线大个运动员（体重 115 公斤以上）做卧推，必须能够推动与自身体重相等的重量。外线小个运动员做卧推，必须能够推动自身体重 1.5 倍的重量。女运动员做卧推，则必须推动与自身体重相等的重量。

循序渐进地进行非负重超等长训练和其他增强力量的方案，是运动员进行负重超等长训练的先决条件。另外一个帮助运动员能够进行负重超等长训练的方法是先在超等长训练皮筋蹬腿器上进行训练，不能进行负重超等长训练的运动员也可以采用这种训练形式。需要强调的一点是，运动员开始进行超等长训练后，并不能降低同期进行的力量训练的要求。

二、传授技术动作进阶

正确的身体技术动作对于超等长肌肉训练来说至关重要。理解和知道怎样控制自己的身体，有助于表现最好的竞技能力，降低受伤风险。

想象怎样起跳和落地是非常重要的。开始时，一个很好的办法就是在脑

海中想象自己的双腿变成汽车的减震器，先让运动员以四分之一蹲的姿势站立（汽车在路上行驶），然后伸直双腿（汽车受到撞击），之后回到四分之一蹲的姿势（汽车重新回到路上行驶）。

下一步，将手臂动作和腿部动作结合起来。先让运动员弯曲肘部，在四分之一蹲的姿势下，运动员的手腕应该和臀部处于一条垂直于地面的直线上，而肘部在这条直线的后面。在腿部伸直或跳起阶段，脚底离开地面的同时，双手快速向上摆动，最少要摆到肩部的高度。回到开始的姿势，然后重复这个动作。在教学过程中，需要始终强调落地的声音要尽可能小。

这个超等长收缩训练最开始的时候双脚不要离开地面，只是原地同步配合好手臂和腿部动作，重复做几次。当运动员已经熟悉这个动作后，指导运动员在伸直双腿的阶段，脚趾发力往下蹬，然后回到起始动作。最后，让运动员进行离地上跳，离地高度不要太高。

超等长收缩训练中非常重要的一点就是强调正确的脚底落地动作。运动员跳起落地时必须首先用前脚掌着地，然后才过渡到足跟着地，而当往上跳到跳台或其他高于地面的物体时，落地动作恰恰相反，运动员要足跟先着地，然后才过渡到脚趾。在跳台循环训练中，落地方式为跳上跳台时足跟先着地，跳下台时脚趾先着地。

对于任何形式的跳跃训练，正确的跳跃和落地动作对于降低运动员的受伤风险至关重要。落地的时候要注意屈膝，并且膝关节与脚趾处于一条直线，可稍微超过脚趾。脚趾的方向朝外一些，这样可以预防膝关节内侧韧带撕裂和拉伤。落地的冲力要通过股四头肌和腘绳肌进行吸收和分散，因此要避免任何直腿的落地，因为这样有可能使膝关节、髋关节或背部受到猛烈的冲击。发展和保持核心力量（主要是背部和腹部肌肉）也非常重要，核心力量对于保护脊柱、防止受伤十分关键。

三、肌肉超等长训练相关的注意事项

肌肉超等长训练对于身体的刺激很大，因此必须向运动员讲清楚注意事项，并指导和监控运动员进行正确的训练。如下是需要考虑的因素：第一，年龄。青少年运动员的训练需要进行严格的指导和监控，要强调正确的训练动作和最小的冲击力，以保护关节和骨骼。年轻运动员（年龄较大的运动员也一样）只能进行低强度模式的超等长训练科目或使用非负重的超等长训练皮筋蹬腿器。第二，体重。体重超过 113 公斤的运动员不适合参加跳台循环和其他负重超等长训练。对于体重超重的运动员，可以采用替代性的训练方法，比如非负重超等长训练皮筋蹬腿器和水中的训练方法。第三，足够的力量基础。使用不同的力量测试方法来决定运动员是否能够进行超等长训练。第四，强度。训练科目的强度和持续时间必须循序渐进，先进行初级的双腿训练，然后进行更高级的单腿跳跃。第五，伤病史。必须了解运动员以往的伤病情况，在某些情况下，必须得到医生的授权同意。第六，训练场地表面。训练场地表面要有一定的弹力，以减轻对足底的冲击力，而且必须很牢固，能够支撑足底的冲击。第七，鞋子。运动员必须选择高质量的球鞋，如良好的鞋帮稳定性、足弓支撑、足跟减震和不会滑动的鞋垫。第八，器材。器材必须能够保证训练的安全，要进行良好的保养，以保持很好的使用状态。跳台必须非常牢固，而且表面必须覆盖一层衬垫或地毯。确保表面没有任何隆起或裂缝，以避免运动员受伤。训练中使用的障碍物必须是柔软的或是一碰就破的。第九，热身和整理活动。每次训练的前后都必须进行热身和整理活动。第十，训练顺序。运动员必须将超等长训练安排在全天训练的开始阶段，要在良好的身体状态下进行。如果在疲劳状态下进行，可能导致运动员严重受伤。第十一，技术动作。进行任何训练都必须保持正确的身体技术动作。运动员要在受过良好培训的教练的认真指导下进行训练。

四、制订高质量的肌肉超等长训练方案

制订一个高质量的肌肉超等长训练方案需要考虑五个可变因素：频率、强度、训练量、恢复和热身。

（一）频率

每次训练课至少要间隔 72 小时。在运动员的休赛期，因为能够保证每次训练课之后有足够的休息恢复时间，所以每周可以安排两次训练课（表 3–27）。

表 3–27　休赛期或赛前准备期的肌肉超等长训练频率举例

	方案 1	方案 2	方案 3
周一	力量训练	超等长训练（下肢）	超等长训练（下肢）
周二	超等长训练（下肢）	力量训练	超等长训练（上肢—实心球）
周三	力量训练	超等长训练（上肢—实心球）	跑步训练
周四	超等长训练（下肢）	力量训练	超等长训练（下肢）
周五	力量训练	超等长训练（下肢）	休息

（二）强度

训练任务的完成程度，需要有计划、有步骤地提高。所有运动员都要从低强度的训练（如深蹲跳）逐渐过渡到更复杂和更高强度的训练（如单足蹦

跳）。增加训练动作难度、组数和次数，控制休息时间，都是增加训练强度的方法。一堂训练课需要保证20～30分钟的训练时间。

（三）训练量

必须控制每个训练单元脚触地或跳跃的总次数。初学者的训练量要和高训练水平的运动员有所区别。表3–28是根据运动员的训练周期对于训练量给出的具体建议。表3–29是一个经典的实心球超等长训练方案。

表3–28　运动员在不同赛季训练阶段中的跳跃训练触地次数　（单位：次）

赛季类型	训练水平		
	初级	中级	高级
休赛期	60～100	100～150	120～200
赛季准备期	100～250	150～300	150～450
赛季中	根据不同运动项目有所区别		
赛季后	只做恢复		

表3–29　实心球超等长训练方案

训练时期	赛季前准备期	赛季初期	赛季中
训练内容	全身性基础体能训练	运动专项体能	运动专项体能的保持性训练
训练方式	独自训练或有同伴配合	独自训练或有同伴配合	独自训练或有同伴配合
频率（次数/周）	2～5	2～3	1～2
训练的种类（种）	5～16	10～12	6～10
单组动作重复次数（次）	10～15	15～20	8～10
组数（组）	1～3	1～4	1～3

（四）恢复

肌肉超等长训练是无氧运动，所以训练和休息时间比应该为 1∶10 至 1∶5。比如，如果运动员花了 10 秒来完成一组训练，那么就需要 50～100 秒的时间来休息。

（五）热身

运动员在参与任何形式的超等长训练之前，必须进行充分的热身。拉伸训练必须包括静态和动态的拉伸动作。每堂训练课的热身和整理活动要有 10～20 分钟。

五、不同形式的肌肉超等长训练

肌肉超等长训练有多种不同的形式。上肢和下肢的训练都是先通过非负重训练逐渐过渡到负重肌肉超等长训练。下面举例介绍各种训练形式，包括通用的肌肉超等长训练和几种典型的篮球运动员专项超等长训练。

（一）非负重超等长训练

非负重超等长训练对于受伤运动员来说是非常理想的康复方法，同时对于部分特殊人群来说，这种训练方法也是一种安全发展拉伸的手段。青少年、受伤的运动员和体重超重的人群都能从非负重超等长训练中受益。

1. 水中进行的训练

在中国女篮集训阶段，由于部分运动员存在伤病情况，教练员会根据运动员的实际情况采用水中的超等长训练，主要的训练手段有深蹲跳、原地单腿跳、双腿前跳、单腿前跳、分腿跳等。

2. 使用非负重的超等长训练专用皮筋蹬腿器

这个器材是专门为下肢的力量训练和康复设计的，也可以用于非负重的超等长训练。这个器材由一个滑轮上的滑槽和系在底座上的几条皮筋组成。通过增减皮筋数量来调节阻力。使用这个器材训练，增加皮筋数量要循序渐进。双腿跳跃比单腿跳跃使用更多的阻力。练习者仰卧在滑槽的靠垫上，将双脚放在足板的中间，膝关节弯曲到 90°，然后用力蹬腿，双脚蹬离足板，双腿完全伸直，然后双脚回到足板，再重复这个动作。表 3-30 为超等长训练皮筋蹬腿器训练方案，是中国女篮体能教练埃尔・比安卡尼制订的。

表 3-30　超等长训练皮筋蹬腿器训练方案（每周训练两天）

时间	强度	动作	频次（次）
第一周	5 条皮筋	1. 双腿	30—35—40
		2. 单腿	30—35—40
		3. 双腿	30—35—40
		4. 双腿交换	30—35—40
第二周	7 条皮筋	5. 双腿	30—35—40
		6. 单腿	30—35—40
		7. 双腿交换	30—35—40
第三周	10 条皮筋	8. 双腿	30—35—40
		9. 单腿	30—35—40
		10. 双腿	30—35—40

这种训练方式对于准备进行负重超等长训练的运动员和因为身体条件或健康状况限制而不能进行负重超等长训练的运动员都是非常有帮助的。

（二）负重超等长训练

当运动员通过了力量测试的考核后，就应该将负重超等长训练添加到整个训练计划当中。训练强度和训练量的递增必须系统化、循序渐进。

1. 双腿训练方法

正确的起跳和落地动作非常重要，记住要使用正确的技术。双脚距离与肩同宽；屈膝，手臂后摆，肘关节弯曲；当跳起离开地面的时候，手臂上摆；双腿完全伸直，然后落地；着地时屈膝，手掌回收到髋关节旁边，然后再重复上述动作。以下的训练手段在中国女篮的体能训练中经常采用。

①深蹲跳。②收腹跳：向上跳，同时将膝盖提起靠近胸部，落地，屈膝，将双手回收至腰侧，向上摆臂再次进行跳跃，快速将膝盖提起靠近胸部，重复以上动作。③分腿跳：双脚呈前后交叉姿势站立（弓箭步），向上跳，在空中换腿后落地，此时双脚已经变换前后位置，继续进行上跳的动作，空中再次换腿，落地，重复以上动作。④双脚跳绳：双脚并拢站立，两臂自然弯曲，双腿自然弯曲，大约跳起 3～5 厘米跳绳。⑤双腿往前跳跃：双腿往前跳，落地要足跟先着地，过渡到脚趾，当双脚完全落地后再次跳起。每次落地时，都要注意确保膝盖弯曲，同时双手要回收到臀部两侧。高度和远度很重要。可以用向上跳台阶来替代此训练。⑥跳跃过障碍物（栏架或锥形物）：跳跃过 6～8 个栏架或锥形物（高度为 15 厘米、20 厘米、25 厘米或 30 厘米），每个障碍物的间隔是 3 英尺（约 0.91 米），排成一条直线。第一种，越过障碍物的顶部：像收腹跳一样，将大腿抬起，落地时屈膝，双手回收到臀部两侧，再次跳起。第二种，像高山滑雪一样在锥形物之间蛇形前进。⑦跳投：在篮球项目中，顺步 1～2 步后接着跳投。

下面以深蹲跳为例来说明。强有力且有效率的深蹲跳是篮球运动中最基础和必要的动作，这也是跳投动作的基础。跳投是双腿在做 1～2 步顺步后完成的，在跳跃之前将体重从单腿转移到双腿。运动员做跳投时只能走两步，再多走就会被吹罚走步。做深蹲跳训练时，要随时注意这点，动作要做到位。第一，双脚分开站，与肩同宽。屈膝，手臂后摆，肘关节弯曲。当起跳离地时，双臂上摆，双腿完全伸直；落地时屈膝，手掌回收到髋关节旁边，然后再重复上述动作。第二，练习 1～2 步顺步：让运动员双腿前后交叉站立。前脚向前跨一小步，后脚往前跟一步和前脚靠拢，双脚同时向上跳起。这个训练科目可以在原地做，往前跳或向上跳到跳箱上。运动员也可以往前跳或往左右两侧跳，然后接着做投篮。第三，让运动员持球做跳投或在篮下起跳，拿球碰篮筐（每组动作做 10～20 次）。

2. 单腿训练方法

正确的起跳和落地动作非常重要，注意要使用正确的技术。双脚分开站立，与肩同宽。屈膝，双臂后摆，肘关节弯曲。单腿站立往上跳，当起跳离地时，双臂上摆，双腿完全伸直；落地时屈膝，双手回收于髋关节两侧，重复上述动作。完成本组最后一次跳跃落地时，双脚同时着地。以下的训练手段在中国女篮体能训练中经常采用。

①单腿往前跳跃。②原地单腿跳：单腿站立，屈膝，双手后摆至髋关节两侧，双臂用力上摆，向上跳起，落地，屈膝，双臂回收，然后用同一条腿重复向上跳起的动作。③后蹬跳：单腿向前起跳，另外一条腿着地。前腿的膝盖向上抬，靠近胸部，同时手臂上摆。后腿完全伸直，并且有个滞空动作，直到前腿落地。要强调跳起的高度和远度。④三级跳：单腿往前跳跃的组合，如左腿—左腿—右腿，左腿—左腿—右腿，然后做右腿—右腿—左腿，右腿—右腿—左腿。⑤跳跃过障碍物（栏架或锥形物）：跳跃过 6～8 个栏架或锥形物（高度为 15 厘米、20 厘米、25 厘米或 30 厘米），每个障碍物的间隔

是 90 厘米，排成一条直线。第一种，越过障碍物的顶部：跳起，抬起膝盖越过障碍，双臂同步上摆，落地，然后用同一条腿再次跳起。第二种，像高山滑雪一样在锥形物之间蛇形前进。⑥跑动跳起勾手投篮；转身，迈两步，单腿跳起，完成勾手投篮。

下面是篮球技术中单腿往前跳跃训练示例。单腿往前跳跃也是篮球运动中的一项基础动作，所有的上篮和扣篮都是通过单腿跳跃完成的。再次注意，篮球运动员在进行投篮前只能跨两步。第一，双脚呈前后交叉姿势站立（弓箭步）。单腿往前跳跃就是在单腿向上跳跃动作的基础上，加上往前的动作。使用双步跳法：左腿—右腿或右腿—左腿。跳第二步时，稍微屈膝来降低重心（离心拉伸阶段），然后用爆发力向上跳跃（向心缩短阶段）。落地后，脚步进入下一个循环。这个训练可以在限制区范围内进行，也可以在整个篮球场范围内进行。第二，为了让这个训练科目更加贴近篮球项目的特点，可以让运动员站在离篮筐足够远的地方练习两步顺步。接球，迈两步，然后完成扣篮或持球让球尽量触到篮板的最高点（每侧做 10～20 次）。第三，在这个训练科目中，可以用实心球来替代篮球。第四，单腿往前跳跃可以用单腿向上跳台阶来替代。

3. 使用超等长训练跳箱进行训练

中国女篮在进行超等长肌肉训练中经常使用的跳箱高度为 15 厘米、30 厘米、45 厘米、60 厘米、75 厘米和 90 厘米。

（1）跳深（使用 90 厘米和 122 厘米的跳箱）。

跳离跳箱，然后双脚同时着地，脚尖先着地。落地后屈膝，双手回收到髋关节两侧。降低重心，双臂用力上摆，向上跳起。

（2）面向跳箱双腿上下跳跃。

运动员面向跳箱，屈膝的同时，双手回收到髋关节两侧。双臂上摆，向上跳跃，双脚落于箱面，注意足跟先接触箱面，然后过渡到脚趾。屈膝，双脚跳离跳箱，回到起始位置，落地时脚趾先着地，然后过渡到足跟。屈膝的同时，双手回收到髋关节两侧。双臂上摆，重复训练动作。在向上跳到箱面的动作前，可以结合 1～2 步顺步。

（3）单脚一侧跳到另一侧。

侧身站立于跳箱的一侧，右脚踩在箱面上，左脚踩在地面上。双手放在髋关节两侧，双臂上摆，踩在箱面上的腿发力向上跳，腾空阶段让身体稍微向另外一侧移动。落地时，左脚先落于箱面，然后右脚落于地面。反向重复上述动作，重点强调运动员要尽可能跳到最高。

（4）单腿单侧跳箱训练。

单腿单侧跳箱训练对运动员有以下要求：第一，侧身站立于跳箱的一侧，靠近跳箱的一只脚踩在箱面上，尽力向上跳到最高，同一只脚先落在箱面上，屈膝，双手回收到髋关节两侧，双臂上摆，重复训练动作。第二，强化起跳脚对侧手臂的摆动，让运动员在训练时想象正在进行低手上篮。第三，让运动员手持篮球或实心球进行跳跃，使训练更贴近篮球专项。第四，保证两条腿进行相同的训练量（每条腿重复做 10～20 次动作）。

（5）双脚一侧跳到另一侧。

侧身站立于跳箱的一侧地面。双脚同时起跳，跳上跳箱，然后跳离跳箱落于另一侧的地面，着地时屈膝，同时双手回收到髋关节两侧。双臂上摆，重复训练动作。

（6）单腿正面交叉纵跳。

面向跳箱，一只脚踩在箱面上，用这只脚发力向上跳，腾空阶段双腿交换位置，另一只脚落在箱面上，重复上述动作，每次跳跃都要交换双腿位置。

（7）180° 转身跳箱跳跃。

站立于箱面，向下跳，双脚落于地面，屈膝，双手回收于髋关节两侧，向上起跳，同时空中转身 180°，然后再次落于地面（或让运动员空中转身 180° 后跳上另外一个跳箱）。

（8）跳箱循环。

将不同高度的跳箱摆成一排直线（如 15 厘米、30 厘米、45 厘米、60 厘米、75 厘米和 90 厘米），然后挨个上下跳跃。记住在落地时要做到屈膝，双手回收到髋关节两侧。在跳上箱面时，足跟先接触箱面，而落地时脚趾先着地。

六、上肢肌肉超等长训练

上肢肌肉超等长训练主要是训练胸部、手臂及背部的快速和爆发性动作。和下肢肌肉超等长训练一样，在进行负重训练之前，运动员要先达到一定的整体身体能力和力量要求。下面介绍几种上肢肌肉超等长训练的方法。

（一）俯卧撑

1. 军队俯卧撑

做一个俯卧撑，撑起后，双手离开地面，在空中击掌后回到地面，重复上述动作。

2. 借助跳箱或垫子的俯卧撑

在地面上做个俯卧撑，撑起后，双手离开地面，落在前面的垫子或箱子上，并推离垫子或箱子，然后落回地面。重复上述动作。

（二）实心球训练法

和同伴配合或对墙进行抛接实心球的训练。和同伴配合时，两人轮流进行相同的动作训练。根据运动员的力量水平选择重量适合的实心球（可通过增加实心球的重量来提高训练难度）。

1. 胸前传球

双手持球于胸前，肘部向外和向后张开，向前迈一步，用力将球传出。球传出后，要求双手的手背相对。

2. 头顶向前传球

双手持球举过头顶，肘关节和膝关节弯曲，将球下放到头部后方，向前迈一步，用力将球传出。

3. 侧身传球

侧身站立，双臂伸展开，转动髋关节转身，将球从胸前传出。面向另外一个方向侧身站立，重复上述训练动作。

4. 头顶向后传球

背对训练同伴，持球弯腰，挺腰，然后发力将球快速举过头顶向后下方掷出，砸向自己与同伴之间的地板，让球从地面弹起后弹到同伴手中。

5. 弯腰体前上抛

弯腰屈腿，使球下降到脚踝高度，然后发力直腿挺腰，将球用力向前上方抛出。

6. 仰卧接传球

仰卧于地面，紧挨着头部放置椅子或板凳一把，同伴持球站立于椅子或板凳上，然后放手让球自由下落。伸手接球，然后经胸前向上将球传给椅子或板凳上的同伴。

7. 跪姿胸前传球

两名运动员跪姿面对，一名运动员将球从胸前传给同伴，然后往前倒地，紧接着完成一个俯卧撑。撑起后回到准备姿势，接同伴回传的球。

（三）在平衡板上进行实心球训练

利用平衡板的不稳定性对运动员进行实心球训练。可以采用胸前传球、头顶向前传球、侧身传球、头顶向后传球、弯腰体前上抛等方法进行训练。

（四）实心球训练和下肢训练的组合

以半蹲—胸前传球—俯卧撑—跳跃为例，运动员以半蹲姿势站立，持球做胸前传球准备姿势。蹬直双腿，将球向前传给同伴，之后向前倒地完成俯卧撑动作。将双脚回收到肩下两手之间，起身成全蹲姿势，然后迅速尽力向上起跳，后接同伴传球，重复上述训练动作。

七、快速脚步超等长训练

速度可以增强动作的爆发力。通过一系列快速的脚步超等长训练，可以发展和改善快速进行向心和离心收缩动作的能力。下面是快速脚步训练示例（强调速度）。

（一）跳点

使用单腿或双腿在地面上不同类型排列的圆点之间跳跃，尽可能快地移动脚步。

（二）六边形

从六边形的中间点开始跳，快速跳起越过六边形的一条边，然后跳回中间点。用尽可能快的速度依次起跳越过六边形的每条边，然后再跳回中间点。所有的跳跃中，身体始终保持面向起跳点（等边六边形的边长是 24 英寸，1 英寸≈2.54 厘米）。

（三）单腿跳过低栏架

从 7.6 厘米高的低栏架开始（使用 7.6 厘米高或 12.7 厘米高的低栏架，栏架间距为 1 米），单腿依次跳过排成一排的低栏架。跳跃过程中，膝盖抬高，腾空时大腿与地面平行。腾空后起跳脚迅速下压着地，进行下一次跳跃。

（四）空手道前踢

前后腿交叉站立，75%的重心放在前腿，后腿伸直。后腿提腿，屈膝，然后在小腿的高度向前踢出。注意膝关节不要过度伸直。回到起始位置，重复上述动作。以尽可能快的速度连续前踢，持续 30～45 秒，换另外一条腿重复上述动作。

（五）空手道侧踢

单腿站立，面向一侧，另外一条腿抬起，向侧面踢出。强调用脚掌的侧面向外侧踢出。踢完回到起始位置，然后重复训练 30～45 秒。

（六）单腿跳箱训练

面对跳箱站立（使用 15 厘米高的跳箱），单腿起跳，向上跳到跳箱后，再跳下跳箱，跳跃动作要尽可能快。跳完一组后，换另外一条腿重复上述跳跃动作。

（七）轻踢墙（前面、内侧和外侧）

1. 前面

面向墙壁，双手扶墙。每次用一只脚，轻轻地碰离地面 6 英寸（约 15.2 厘米）高的墙壁（不是用力踢），然后迅速轻轻地碰地板，双脚交替。相同动作重复 30～45 秒。

2. 内侧

身体侧对墙壁，一只手扶墙壁。使用靠近墙壁的那只脚，用脚掌的外侧轻碰墙壁，然后再轻碰地板，用尽可能快的速度来进行这个训练 30～45 秒。身体另外一侧侧对墙壁，使用靠近墙壁的那只脚进行上述训练。

3. 外侧

身体侧对墙壁，一只手扶墙壁。使用离墙壁较远的那只脚，用脚掌的内侧轻轻地碰墙壁，然后轻轻地碰地板，用尽可能快的速度来进行这个训练 30～45 秒。身体另外一侧侧对墙壁，使用离墙壁较远的那只脚进行上述训练。

八、结合篮球专项技术的体能训练

根据场上位置和上场时间，一个篮球运动员每场比赛平均要跳 75～120 次，大概三分之二的起跳是双脚起跳，而另外三分之一的起跳是单脚起跳。

虽然比赛中的大部分起跳都是使用双脚，但是也很有必要对每条腿进行同样的训练。进行单脚和双脚起跳训练可以最大限度地发展运动员的力量和爆发力，而且这种训练可以降低因肌肉虚弱和缺少训练而带来的受伤风险。下面介绍几种结合了篮球专项技术的肌肉超等长训练，其中要求完成扣篮的训练动作可以用拿球碰篮筐或用头碰篮网底部来替代。

（一）双腿跳起勾手投篮

第一，站在限制区的侧面，背对篮筐，接球，跨一步，双脚并拢，起跳，然后勾手投篮。

第二，向篮筐迈两步，单腿或双腿起跳，用手碰篮筐或完成扣篮。

第三，回到限制区侧面的起始位置或跑到球场另一侧的限制区，用另外一只手重复上述动作（每侧的训练重复次数为开始阶段 10 次，中间阶段 15 次，高级阶段 20 次）。

（二）单腿跑动跳起勾手投篮

第一，站在限制区的侧面，背对篮筐。接球，在规则允许范围内跨两步，单腿起跳，完成勾手投篮。

第二，迈两步，单腿起跳，用手碰篮筐或完成扣篮。

第三，回到限制区侧面的起始位置或跑到球场另外一侧的限制区，用另外一只手和一只脚重复上述动作。这个训练可以结合运球（每侧的训练重复次数为开始阶段 10 次，中间阶段 15 次，高级阶段 20 次）。

（三）低位转身顺步接扣篮（也可以使用实心球来替代篮球）

第一，站在限制区的一侧，背对篮筐。

第二，从同伴手里接球，低位转身顺步，完成扣篮或碰篮筐。

第三，可以单脚或双脚起跳。

第四，转身，回到起始位置，然后重复上述动作。也可以跑到对侧的限制区重复上述动作（每侧的训练重复次数为开始阶段 10 次，中间阶段 15 次，高级阶段 20 次）。

（四）双球扣篮

第一，在限制区两侧各放置篮球一个。面向篮筐，将篮球抓起。跨一步，将球扣进篮筐或触摸篮筐。然后再次跳起，触摸篮筐。随后到限制区的另外一侧，将篮球抓起，跨一步，完成扣篮，落地后再次跳起，触摸篮板。回到起始位置，抓起篮球，重复上述训练。

第二，同伴要将扣进的篮球捡起放回起始位置。

第三，可以单脚或双脚起跳。

第四，可以结合低位转身动作，增加训练动作的难度（每侧的训练重复次数为开始阶段 10 次，中间阶段 15 次，高级阶段 20 次）。

（五）跳过一排低栏架，接球，然后扣篮（3～5 个低栏架，高 46～61 厘米，间隔 91 厘米）

第一，双脚起跳越过每个低栏架，接球，两步顺步，起跳，完成扣篮或触摸篮筐。重复上述动作。

第二，可以单脚或双脚起跳，完成扣篮或触摸篮筐（重复 10 次、15 次、20 次）。

（六）跳深—180° 转身—接球，然后扣篮（也可以使用实心球来替代篮球）

第一，站在跳箱前面，面对篮筐，向上跳到跳箱上面，再从跳箱上单腿跳下，双脚同时落地，屈膝，两臂后摆，起跳，转身 180°（背对篮筐）。

第二，接球，转身，迈步，完成扣篮或触摸篮筐。回到起始位置，重复上述动作。

第三，运动员也可以改用勾手投篮完成动作。

第四，可以单脚或双脚起跳（重复 10～20 次）。

（七）跳深—接球，然后扣篮（也可以使用实心球替代篮球）

第一，站在跳箱前面，面对篮筐，向上跳到跳箱上面，再从跳箱上跳下，双脚同时落地，接球，迈两步，完成扣篮或触摸篮筐。

第二，回到起始位置，重复上述动作。

第三，可以单脚或双脚起跳，完成扣篮或触摸篮筐（重复 10～20 次）。

第七节　灵敏性训练

篮球是一项需要运动员在 10 米范围内往前、往后、往侧面和往斜对角进行移动的运动，同时也要求运动员在一瞬间改变方向，从全速运动变为急停，然后快速回到全速。在防守端，运动员必须能够跟上自己防守的对方运动员，同时也要尽快站到正确的防守位置，对进攻运动员形成紧密盯防。在进攻端，运动员需要运球并尝试突破对手。无球队员必须跑动切入，创造投篮或传球的空间。快速的脚步移动是一名成功的篮球运动员必须具备的能力。以上这些任务的完成需要运动员具备很好的灵敏素质。灵敏素质由改变方向的速度能力与感知和决策能力构成（图 3–13）。

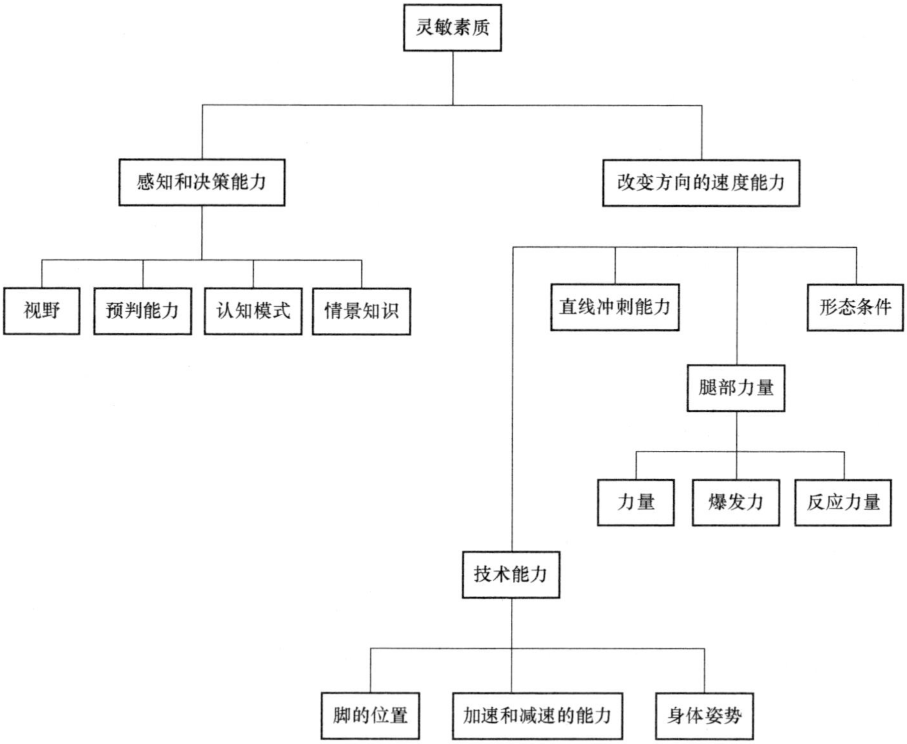

图 3–13　灵敏素质的构成[①]

一、影响灵敏素质的因素

（一）速度

能够比对手更快移动的运动员有速度优势。大多数运动项目要求运动员具有一定的速度优势。在训练实践中，我们通常用直线冲刺 30～100 米的距离来衡量一个运动员的速度能力。然而，在很多的运动中，运动员很少在直线距离中完成 30 米的冲刺，除非是 100 米短跑运动员。因此，我们把大量的

① DAWES J，ROOZEN M. Developing Agility and Quickness[M]. Champaign：Human Kinetics，2012：1–2.

时间用于直线速度的训练并不能产生很好的运动表现。以篮球运动为例，运动场地的长度为28米，在比赛过程中，运动员需要在加速、减速之间进行反复多次的过渡。尽管如此，直线冲刺能力仍然是篮球运动员速度素质的基础。

直线冲刺能力是一种身体技能，多数人从两岁开始就能够熟练掌握这项技能，因此，多数教练员认为直线冲刺能力主要与遗传有关，不能通过训练得到明显的改善。然而，实践证明，科学合理的训练可以提高跑步速度，高水平运动员也是如此。步幅与步频的组合决定了直线冲刺的速度，运动员可以通过二者的结合来提高直线冲刺的能力。

除田径运动项目外，大多数运动都需要运动员具备30米范围内的冲刺能力和快速改变方向的能力，篮球运动也需要运动员具备这种能力。因此，如果我们在篮球速度训练中把大量的时间花费在提高运动员的速度能力上意义不大，因为他们很少在比赛中达到最大速度。对于篮球运动员来说，把注意力集中在加速训练上更有意义。加速度是速度的变化率，加速度对于快速高效地改变方向极其重要。

加速阶段线性冲刺的最佳技术包括四个方面。第一，身体应该有一个明显的前倾，从而降低重心。这个姿势会让脚接触到重心下方或稍后面的地面，减小使运动员减速或刹车的力。第二，在推进阶段，当脚离开地面时，脚以翘起的姿势接触地面，脚踝向上弯曲约90°（背屈），脚趾向后指向胫骨。一旦脚接触地面，运动员髋关节、膝关节和踝关节同时用力，这种姿势被称为三关节伸展。第三，在恢复阶段，当膝关节和髋关节弯曲或伸展时，摆动腿的脚踝应背伸，这样可以使脚直接从臀部下方通过，并能够更快地翻转。第四，运动员应确保手臂摆动时肘部弯曲至少90°。手臂向后有力地摆动，以使身体储存的弹性能量和伸展反射提供给手臂向前的推进力。

在推进阶段，由髋关节伸肌和股四头肌组成的肌肉，其输出功率和力量的速度变化决定了步幅的长短和频率。在短跑的恢复阶段，髋屈肌（位于髋关节前侧）和腘绳肌（位于臀部后侧大腿上部）是步幅、频率的主要贡献者，髋关节屈肌的力量和爆发力是将髋关节从伸展位置快速旋转到弯曲位置的重要因素，为后续的脚接触地面做好准备。

腘绳肌作为横跨髋关节和膝关节的多关节肌肉群，在运动过程中起着重要的作用，其主要功能是减速。在短距离冲刺过程中，当人体处于腾空阶段，小腿准备接触地面的时候，腘绳肌的作用主要是减速，防止胫骨过度向前，保持膝关节的稳定性。同时，在后蹬阶段，腘绳肌可以起到帮助髋关节向后伸展的作用。

与向前的直线冲刺相比，在后蹬时，大腿腘绳肌活动较少，股四头肌更活跃。与向前冲刺相比，侧向运动涉及更多来自髋外展肌的活动，这些肌肉使腿部远离身体。因此，专注于提高灵敏性的项目应特别注意发展髋屈肌、腘绳肌以及臀部肌肉的力量。

另一个影响最佳速度的重要因素是关节柔韧性。如果腘绳肌太紧，运动员在短跑腾空阶段可能无法将膝关节抬得那么高，这会阻碍速度的增加和髋关节的屈曲。此外，紧绷的髋屈肌可能会限制髋关节在必要的运动范围内伸展的能力，因此，在后蹬的三关节伸展阶段，适当的关节柔韧性有助于动作更加流畅和协调，从而使运动员步幅更长、速度更快。

（二）最大力量

最大力量是指肌肉通过最大随意收缩克服阻力时所表现出来的力量[①]。在大多数运动中，运动员由于运动速度的原因无法达到他们的最大力量水平。最大力量很重要，但利用最大力量产生力量的能力也极其重要。力的计算公式如下：力＝质量×加速度。使用最大力量的能力是影响灵敏性和运动表现的

① 田麦久，刘大庆. 运动训练学[M]. 北京：人民体育出版社，2012.

重要因素。在发展灵敏性素质的过程中，增加力量使身体更快地移动与最大力量直接相关。因此，相对力量（力量与体重的关系）比绝对力量更重要。在设计灵敏性训练计划时，需要充分考虑向心力量、离心力量和稳定性力量。

（三）向心力量

向心力是指肌肉缩短时机体产生的力量，如跑步时的蹬伸动作、跳跃或篮球运动中的空切动作，髋、膝、踝三关节的伸展展现的就是向心力量。在完成蹬伸动作的过程中，运动员需要克服重力的影响，髋、膝、踝三关节的伸展动作可以帮助运动员有效克服来自重力的影响，从而提高运动表现。

理论上，在跑步或跳跃时，脚对地面的作用力越大，身体的加速度就越大。同样，在跑步恢复阶段，髋关节屈肌产生的力越大，髋关节的前向加速度就越大。髋关节屈肌增加的力量也使运动员能够更快地定位脚，以便与地面接触，这会导致直线短跑时的步频更高及方向的改变。科学文献表明，肌肉的最大力量和爆发性的动作（如纵跳、水平跳跃、冲刺、灵敏性等）密切相关。当我们考虑相对力量时，肌肉的最大向心收缩与完成爆发性的动作具有高度相关性。如果两名运动员都蹲 136 公斤，他们有相同的最大向心力量。如果其中一名运动员重 68 公斤，另一名重 125 公斤，体重较小的运动员的相对力量远大于体重较大的运动员，因此，体重较大的运动员需要提高相对力量才能更具爆发力。

然而，在优秀运动员中，最大向心力与爆发力之间的关系并不明显。最大力量在提高运动员的爆发力方面有一个阈值，达到这个阈值后，单位时间内速度的发展即加速度对爆发力的作用很大。

（四）离心力量

离心力是肌肉拉长时机体产生的力量。肌肉做负功是离心收缩的主要特征。一个具有高离心力的运动员可以快速有效地减速，同时保持动态平衡，为方向变化做好准备。快速减速和控制身体的能力是快速改变方向动作的另一个重要因素。离心力不足会减缓减速并降低快速改变方向的能力。

离心力和减速能力之间的关系可以通过拉伸—收缩周期中的运动来证明。为了减少肌肉拉伸—收缩周期的时间，增加离心力可以帮助运动员快速地减速，并快速改变新的方向。

减速能力可以提高运动表现并预防运动损伤。大多数的运动损伤发生在运动的减速阶段，如果关节结构在减速阶段不能承受运动中的反作用力，会导致身体姿势不当，从而增加受伤的概率。抗阻训练和超等长训练可以帮助运动员提高减速和制动能力，这种能力的提升可以提高运动员的灵敏素质和运动表现。

（五）稳定力量

关节稳定性是一个十分重要且经常被忽视的因素，它有助于在灵敏性运动中有效地运用力量。灵敏性训练要求加强相关的肌肉力量以稳定躯干和下肢关节。例如，在篮球运动中球员做切入动作时，来自地面的力通过腿部、臀部和躯干向上传递，如果这些关节周围和支撑躯干的肌肉组织不能通过肌肉收缩而稳定下来，那么这些部位可能会吸收较多的力，从而减缓从离心到向心运动的过渡，这将导致缓慢的、低效的动作表现。

优化稳定性力量对肌肉平衡也很重要，例如，在短跑蹬伸部分的髋关节伸展过程中，臀大肌必须收缩以产生推动身体向前的爆发性动作，臀大肌也有助于髋关节向外旋转。缺乏对这种外来力的控制会抑制运动员推动自己前进的能力。为了抵抗髋部不必要的运动，大收肌必须收缩以提高髋关节的稳定性，这会确保臀大肌产生的力用于推进身体向前，而不会浪费在其他运动上。

另外，内侧腘绳肌（半膜肌，位于大腿后部）和腓肠肌外侧（位于小腿外侧）能帮助运动员控制切入动作中膝关节的不良运动，两者都能提高运动的性能并降低受伤的风险。

抗阻训练可以增强肌肉的最大力量和稳定性，包括双侧和单侧练习。第一，多关节动作，如后蹲和前、后、对角弓箭步。第二，单肢训练，如单腿下蹲和其他单腿运动。第三，以正确的技术进行的爆发性多肌群运动，如单腿跳跃。

肌肉间的协调性是肌肉收缩的另一个重要方面，它与运动时的稳定性密切相关。每一块肌肉都能向系统中的其他肌肉发送信号和信息，它们交流的容易程度和速度与关节上不同肌肉的激活时间有关。协调性对跑步速度很重要，因为如果大腿在前摆阶段前伸时肌肉韧带不放松，髋关节的屈曲将减少，从而导致步幅缩短。这在涉及方向变化的运动中尤其明显，在这种运动中，关节稳定性更为关键。经验丰富的篮球运动员在切入动作中表现出更协调的肌肉活动模式，加速、减速和方向改变的训练也有助于改善肌肉间的协调性，进而提高运动员的灵活性，降低受伤风险。

（六）功率

功率可以表述为做功的速率，也可以表述为力与速度的乘积。功率对于提高运动员的灵敏素质尤其重要。

肌肉动作的力—速度关系表明，随着运动速度的增加，肌肉输出的力减小，这种现象对要求高力量和高速度运动的运动员来说是不利的，例如，开始、停止及改变方向的动作模式。为了提高运动员高速运动的力量能力，训练实践中就要关注肌肉收缩的输出功率。

要记住的是，运动员在训练中不能通过缓慢地移动身体或阻力来有效地进行力量训练。如前所述，增加力量输出可以提高输出功率，提高运动速度也可以提高输出功率，或者两者兼而有之。提高运动速度的训练方法与增加力量输出的训练方法有很大的不同，因此发展灵敏性的训练计划必须将两者结合起来。一种假设认为，为了最大限度地提高肌肉力量，运动员必须首先使肌肉产生的力量最大化（肌力量），然后，他们必须使这种力量的表达速度最大化。最大力量基础对速度发展很重要，因为这会产生更大的输出功率。

（七）力的变化速率

力的变化速率是力量输出的一个特征，与爆发力密切相关。一般而言，我们需要在 0.6～0.8 秒产生最大的肌肉等长收缩力量。然而，运动员在高速运动中无法达到肌肉所能产生的最大力量。例如，在短跑中，脚接触地面的时间只有 0.1～0.2 秒。跳跃、投掷、加速和改变方向等，其力量的发展变化很快，这样动作就可以迅速发生。在这些情况下，力的变化速率比最大力量更为重要。

发展灵敏素质需要提高相关肌肉的力的变化速率，以便在更大的力量下进行爆发性运动。反过来，运动员可以在脚接触地面时向地面施加更大的力。肌肉激活率被认为是影响力的变化速率的主要因素。然而，其他因素可能还有运动单位动员模式、“纤维型成分”和肌肉肥大。运用超等长训练和奥林匹克举重等训练方式，在适当的训练负荷和强度下产生适当的运动速度和力量输出可以提高力的变化速率。

（八）拉伸—收缩周期

当需要在空中跳跃时，大多数人会很快地屈曲髋关节、膝关节和踝关节，然后伸展这些关节。这是因为在随后相同结构的缩短（向心）作用中，快速拉伸所涉及的肌腱结构（通过离心作用）在较短的时间内能产生更大的力和功率输出。这一过程被称为拉伸—收缩周期，它存在于大多数日常生活中。几乎所有需要最大力量和力量输出才能成功的运动技能都涉及这个周期。在篮球运动中，由连续的拉伸—收缩周期组成的任务包括投篮、传球、跳跃、滑步、起动、制动等。

肌肉的拉伸—收缩周期包括三个阶段：离心、缓冲和向心。

在离心阶段，当运动员向与预期运动相反的方向运动时，主动肌肉会经历一个延长的动作。这一阶段对拉伸—收缩周期的有效性极其重要，因为这是肌肉被拉伸的地方。研究表明，小幅度（小运动范围）和高速度的拉伸运动对于肌肉最大限度地发挥其增强向心力的贡献是重要的。主要是因为较小范围内的快速运动可以使运动员获得更大的肌肉反弹力，从而产生较大的力量。

缓冲阶段可能是拉伸—收缩周期中最关键的阶段，它包括过渡阶段，即离心阶段结束与向心阶段开始之间的时间。在拉伸—收缩周期中，从离心阶段快速切换到向心阶段的能力通常被称为反应力。拉伸—收缩周期的向心阶段是指肌肉主动发力向既定方向运动的时间。在此阶段，先前的离心动作使主动肌肌腱单位的力和功率输出增加。

拉伸—收缩周期已经被研究了几十年。文献将这种现象归因于两种主要机制：一种是神经生理学的，另一种是机械的。神经生理学机制与伸展反射和相关肌梭的活动有关。当肌肉伸展（例如，切入动作中最初接触的股直肌和腓肠肌），与产生力的肌纤维平行的相应肌梭也会伸展，这会导致单突触反射，肌梭的感觉末梢向脊髓发出信号表示肌肉长度的变化。作为反应，脊髓向相应的肌肉发出兴奋信号，这些事件引发机械机制。这是先前伸展的肌肉的一种反射性动作，这种反射也可能是防止肌腱单位过度拉伸的一种保护机制。

此时，缓冲阶段的长度变得很重要。牵张反射会在快速拉伸后不到 50 毫秒内发生。缓冲阶段应尽可能短，这样可以充分利用牵张反射与向心收缩耦合产生力量。想象一个拳击手准备挥拳，如果拳击手将手臂向后拉并保持一到两秒钟，产生的力量将大大减小。如果拳击手快速地用力前挥，把手臂迅速收回，然后爆发性地向前戳（减少缓冲阶段的时间），动作会更快，将产生更大的力量。

肌肉效率的改善源于肌腱单位潜在（弹性）能量的储存，包括肌腱单位的串联弹性元件（肌腱）和并联弹性元件（肌筋膜）。当肌肉被拉长时，弹性势能储存在肌腱和肌筋膜之中，在完成冲刺、跳跃、切入等动作时，弹性势能在力的产生阶段发挥作用。

同样，缓冲阶段的长度在这里也有着重要的意义。在延长作用期间，串联和并联弹性元件中储存的碎屑能量只会持续很短的时间，然后以热量的形式消散，但是，如果将缓冲阶段保持在最小值，串联和并联的弹性元件的反冲作用与主动向心收缩的作用相结合，才会产生更大的力量和力量输出。如果运动员只依靠肌肉收缩而不进行预拉伸，他们将需要更多的能量来完成同样的任务，最终将无法达到同样的水平。

拉伸—收缩周期对爆发性运动的功率输出和运动效率有着深刻的影响，这些特征可能与受过训练的运动员的力量水平无关，但可以通过训练加以改善。因此，运动员应该在他们的训练项目中加入拉伸—收缩周期（也称为肌肉增强训练）的具体训练，以最大限度地提高速度和灵敏性。再想象一下拳击手，如果他能把手臂再往后拉一英寸，就可以获得更多的伸展（比如橡皮筋）；或负重，在相同的时间内，将储存的能量释放到肌肉中，有助于增加击打的力度。

（九）身体形态

身体形态，如身高、体重、体脂、四肢和躯干的长度与围度，对运动员的竞技能力也会起重要作用。例如，一个重心较低、四肢较短的运动员可能比重心较高、四肢较长的运动员改变方向的速度更快。再者，假设两名运动员体重相同，体脂含量较少的运动员会比体脂含量多的运动员产生更大的力量，这是由于体脂含量少的运动员肌肉含量相对较多。

在篮球运动中，身高就是优势，即便高个子运动员的灵敏性相对差一些。身高有优势的篮球运动员可以借助臂展的杠杆作用产生更大的力量。就摔跤运动而言，个子矮、重心低的运动员可能具备一定的优势，因为低重心可以让运动员移动得更快。

诸多研究表明身体形态对专项运动如体操、排球、篮球、攀岩、游泳、自由式摔跤等运动项目的竞技表现具有重要的作用。这些研究发现专项竞技表现出色的运动员，其身体形态呈现一定的专项特征。

如果一个运动员的身体形态条件与专项运动的要求有一定差距怎么办？虽然并非所有的运动员都能成为一个全能运动员或者在奥运会上获得金牌，但他们都可以通过正确的训练方法和技巧来提高最大力量和爆发力、力的变化速率、反应时间、技术能力等，进而提高灵敏素质。

一项研究发现，体脂含量较高的男孩在 40 米短跑和灵敏性测试中的运动表现要比其对照组差。因此，运动员可以通过改变体脂含量来提高速度和灵敏素质。腘绳肌和髋屈肌的功能受限对运动员的速度和灵敏能力影响较大，教练员可以通过提高腘绳肌和髋屈肌的灵活性来提高运动员的速度和灵敏素质。总之，身体形态条件对运动员的竞技能力和运动成绩影响较大，在训练实践中，教练员可以针对运动员在形态条件方面的薄弱环节进行有针对性的训练来提高运动员的竞技能力和运动成绩。

（十）技术

大多数运动成绩的取得在于运动员在保持良好的身体姿态和关节姿势的

同时，能够快速、正确地开始和停止多个方向的运动。运动员可以借助最佳的身体姿态和关节姿势，通过对身体内外部力量的协调来更加有效地改变运动的方向。如果身体的任何一个部分偏离位置，运动员都将无法获得最佳的灵敏性表现，因此，良好的技术对于最大限度地提高灵敏性至关重要。

灵敏性训练是一系列分散的任务串在一起形成系列训练任务。运动员在完成加速、减速和过渡性动作的过程中，必须以合适的顺序、合适的时间完成各种各样的动作模式。为了提高灵敏素质，运动员首先需要做到的是在可控的环境中掌握单个动作模式，随后，把单个动作模式融入专项动作模式，运用专项技术提高脚步动作及其不同方向上的速度能力。

为了产生改变方向所需的动作，运动员需要具备良好的身体姿态。良好的身体姿态是完成各种动作模式的开始。常规的身体姿态要求运动员双脚平行站立，稍微弯曲膝关节和髋关节，躯干稍微向前倾斜，背部保持平直，头部正直，眼睛朝前看。前后站立姿态也是运动过程中常用的一种姿态，比如橄榄球运动中的后卫经常采用这种姿态。运动员可以把各种姿态综合运用到技术训练中，提高专项运动能力。

运动生物力学原理对运动员爆发性地完成各种改变方向的动作模式非常重要。比如，髋、膝、踝三关节联动所产生的爆发力对运动员的灵敏运动表现极其重要。运动员在完成直线后退运动过程中通过股四头肌和髋屈肌的协同配合产生动力，手臂的动作和向前冲刺的动作相似。

在许多情况下，当运动员试图改变方向时，他们会减小手臂的用力，使手臂无法越过身体中线或者无法借助肩关节的力量来挥动手臂，这些低效的动作都可能降低运动员快速改变方向的能力。为了更好地发挥摆臂的作用，使自身在改变运动方向的过程中产生更大的力量和爆发力，运动员应该使用正确的摆臂技术，即手臂弯曲大约 90°，以肩关节为轴摆臂。

减速能力在运动员完成向前、向后和横向运动中非常重要。在向前的运动中，运动员的身体重心应放在前脚掌上。在横向运动中，运动员的身体重心应放置在脚掌的内侧，脚踝和小腿的角度应小于等于90°，重心应处于较低位置。外侧脚应保持在重心之外，小腿应大致指向所需运动的方向。

力的传递依赖于运动员控制质心和重心的能力，当重心偏离质心时，运动就会产生。灵敏性好的运动员可以很好地控制自己的质心并能以最佳的方式控制自己的身体重心。如果质心移动过大，重心偏离身体将会过远，运动员可能会失去平衡甚至摔倒。控制质心和重心的能力可使运动员有效地传递力量和爆发力，进而产生更好的运动表现。

运动员可以通过保持平衡、控制体重和降低重心来提高他们改变运动方向的能力，并通过增加支撑面和降低身体重心来减少速度的损失。在通常情况下，当改变运动方向时，某种类型的旋转会发生，由此一种形式的动作模式会向另一种形式的动作模式过渡。比如，当由向前冲刺的动作模式过渡到反方向的动作模式时，大多数运动员通过转动头部、肩部和躯干来完成，这些动作会使运动员的质心移动，从而使身体的骨盆和髋关节朝目标方向转动。一些运动员通过摆动腿髋关节的旋转，由摆动腿蹬地来改变动作模式。另一些运动员会从支撑腿的髋关节处旋转，以一种流畅的动作模式来改变身体运动的方向。

不管使用什么技术，教练员都应该强调以下几点，以确保运动员在改变运动方向时尽可能地保持动作的流畅性。第一，运动员应该把注意力集中在支撑腿的膝盖上，并将髋关节转向新的方向。第二，正确的身体姿态有助于下肢爆发性用力。第三，为了确保运动员可以完全转动髋关节并产生最大力量，运动员应该想象他们的肚脐处有一台摄像机，而摄像机的镜头随时对准运动员的运动方向。第四，正确的手臂动作是将前肘向后移到支撑腿的方向，旋转上半身并协助身体核心旋转，这个动作也能帮助运动员更有效地进入正确的跑步状态。

二、决定反应能力的因素

识别相关线索并毫不拖延地执行正确动作的能力在很大程度上决定了一个运动员的成功。如果一个运动员误读或错判了这些线索，他可能会失去一个进球，输掉一场比赛甚至错失一个冠军。许多感知和决策因素都会影响运动员的反应能力，也会影响灵敏性。

（一）信息处理

在运动员移动之前，他们首先必须确定对某个场景做出反应的必要性。运动员通过各种感知觉系统（如听觉、视觉和本体感觉系统）收集环境线索来实现这一点。感知觉系统还会收集诸如比赛战术、对手位置等特定模式的相关信息，并通过感知觉技能对这些信息进行处理，进而做出适当的反应。这些信息刺激的清晰度、强度、模式和经验会影响运动员处理信息的速度。

刺激清晰度是指刺激被明确界定和清晰的程度，刺激强度与刺激的程度和大小有关。环境刺激的清晰度或强度越大，运动员处理信息的速度就越快。

接收到的刺激的模式或类型也会影响它被检测到的速度。对视觉刺激做出反应所需的时间（大约 180～200 毫秒）大于对听觉刺激做出反应所需的时间（大约 140～160 毫秒）。动觉反应时间最快（平均 120～140 毫秒）。

运动员的经验水平对他们做出反应的速度有着深远的影响。例如，能够根据对手的阵形阅读或预判下一场比赛出场的运动员，比那些无法识别这些的运动员具有更大的优势。分析竞争对手的能力在很大程度上取决于运动员无数次的训练和比赛经验。

教练员在进行开放式训练时应该考虑这些信息，因为这可以更好地理解为什么运动员对不同刺激做出的反应时间不同（开放式训练要求运动员对刺激做出反应才能完成训练）。在大多数情况下，运动员能够对声音做出比视觉刺激更快的反应。此外，教练员选择的刺激类型应与运动员可能经历的运动项目直接相关。比如，短跑运动员应该对听觉信息做出更快的反应，而篮球运动员则需要对比赛场上的视觉和听觉信息做出快速反应。

（二）背景知识

对特定运动情境的了解有助于运动员更快地对环境线索做出反应。认知研究显示，专业运动员和业余运动员在视觉搜索策略上存在明显差异。有研究表明，专业运动员与业余运动员会运用不同的背景知识。例如，在比赛中，专业篮球运动员会比业余篮球运动员更快地找到并集中精力于比赛过程中的相关线索，从而做出准确而快速的行动。

专业篮球运动员与业余篮球运动员的差异进一步说明，为了提高运动员的反应能力，在训练实践中运动员需要接受高强度的专项训练刺激。一般性的训练刺激不太可能提高运动员对赛场情景做出反应的能力，即一般的反应性需求不太可能满足体育运动对运动员专项表现的需求。

人类的信息处理模型显示，运动员对刺激做出反应之前已经对存储在其记忆中的特定信息进行了心理操作。这种反应的准确性和速度取决于先前存储的专项背景信息量，如果训练中使用的刺激缺乏专项特异性，那么减少反应时间的训练方法就不会那么有效，也不太可能提高运动成绩。

通过收集和处理比赛过程中出现的信息，运动员可以积累更多的背景知识，进而依据这些背景知识，在比赛过程中做出快速而准确的反应。在诸多的竞技运动中，优秀的运动员往往能够根据比赛过程中的具体情境，充分调动储存在记忆中的背景知识，依据自己的经验做出快速而准确的判断。比如，有经验的乒乓球运动员可以充分利用球的运行轨迹、方向和速度等信息调动自己记忆中的背景知识来战胜比自己经验少的运动员。

对背景知识的了解是运动员通过经验和学习可以提高的一项技能，因此，练习的数量和类型很重要。运动员在训练与比赛过程中所积累的背景知识越多，他们就能够在比赛过程中，根据特定的刺激做出正确和快速的反应。在学习的初级阶段，运动员应该进行封闭式的训练，预先设定的灵敏性练习非常重要。随着运动员专项技术的提高和比赛经验的丰富，开放的、非计划化性的灵敏性训练可以更好地提高他们的运动表现。

（三）决策技能

一旦运动员收集了比赛环境中的信息，他们就必须根据收集到的信息做出决策，成功的决策意味着动作速度与动作准确的平衡。当运动员根据从环境中收集到的信息决定要做哪一个特定的动作时，运动员就要把信息发送到运动皮层，从记忆中提取所需的动作模式。当接收到信息时，大脑通过脊髓向工作的骨骼肌发送信息，以产生所需的运动。如果运动员正确反应，他们成功的机会就会成倍增加。如果他们不正确反应，结果可能是毁灭性的。

假动作在很多运动项目中都很普遍。在比赛中，运动员通常会先完成一个动作的初始阶段，然后快速执行另一个动作直到结束。篮球运动员这样做是为了给对手错误的提示，这样他们就不能正确或迅速地做出反应，从而不能有效地进行防御。如果对方运动员对第一个（欺骗）动作做出反应，当他们试图对第二个（实际）移动再做出反应时，他们的动作就会延迟。

比赛环境中刺激的数量和比赛过程中技术动作的总数在很大程度上会影响运动员做出正确反应的能力。通常情况下，反应分为简单反应和选择反应。简单反应指的是只有一个正确反应的刺激的呈现，田径运动中短跑比赛的起跑动作就是一个简单反应。选择反应要求运动员对一些意料之外的刺激做出适当的反应。反应时间对于球类运动项目来说非常重要。例如，在篮球比赛的攻防转换阶段，组织后卫需要全面观察对手的身体位置、进攻模式及队友的位置，以便采取最佳的行动和最佳的进攻模式。

根据希克定律，运动员面临的选择越多，他们需要做出反应的时间就越长。在比赛过程中，运动员对于简单刺激所做出的反应比较快，而随着环境刺激数量的增加，运动员需要更多的选择反应时间以便做出正确的决策，因此，执行一个特定动作所需的时间也会增加。

许多专家认为，简单反应时很难通过训练来改变，因为它主要与运动员的基因和中枢神经系统的传输速度有关。然而，训练和经验可以显著提高选择反应时间。因此，在训练实践中，教练员应该把专项灵敏性训练融入体能训练，以便提高运动员在相对复杂的运动环境中对多种刺激做出快速反应的能力。

（四）预判和唤醒水平

预判准确的运动员可以获得比对手更大的竞争优势。在篮球比赛中，如果运动员能提前做出反应，那么他们就可以更准确地预测出某个动作，并做出最快的反应。基于这种经验的积累，运动员在比赛状态下可以预测对手何时采取何种技战术，从而快速而准确地调整自己的动作。例如，篮球运动员可以通过了解对手的基本姿势来判断其前进的方向和试图完成的动作，从而做出有效的防守。

作为知觉和决策因素的一个组成部分，预判能力可以通过训练获得。运动员能够在获得更多竞争经验的同时提高这些能力，因此这方面的训练是值得注意的。在训练预判技能时，首要目标应该是提高反应的准确性和速度。感知觉和决策研究的结果支持教练员通过特定的运动场景来训练运动员的预判技能。通过改进搜索策略、反应速度和准确性、模式识别和决策能力，提供与运动环境相关的刺激场景，可以帮助运动员发展更好的预判和决策能力。

唤醒水平即运动员中枢神经系统兴奋和激活的总体水平，对快速、准确地完成动作起着重要作用。倒 U 型假设进一步解释了唤醒水平和运动表现之间的关系。图 3–14 显示了倒 U 型假设，也就是说，唤醒在一定程度上促进了运动表现。如果唤醒水平太低或太高，运动员就难以创造高水平的运动表现。最佳功能区是唤醒水平内最佳整合的心理和生理过程以及最佳的运动表现。对篮球运动员来说，技战术水平的自动化程度和识别任务相关线索、忽略与绩效无关的环境线索的能力，对运动员在比赛中调试最佳唤醒水平尤为重要。

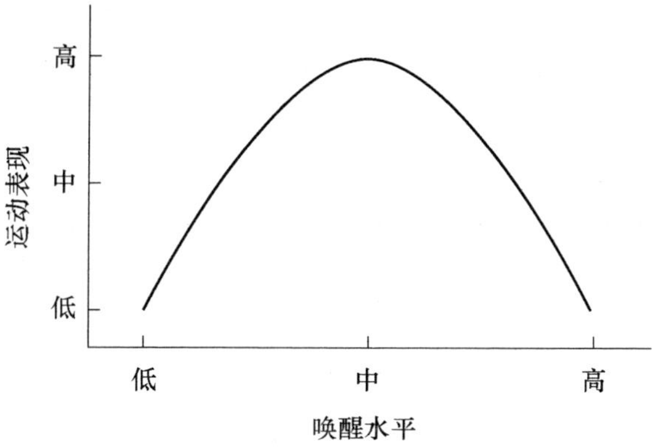

图 3–14　倒 U 型假设

如果运动员的唤醒水平太低，他们可能会过于关注不相关的环境线索，而这些感性的分散可能使他们无法捕捉到相关的环境刺激。随着唤醒水平的不断提高，知觉范围变窄或视觉范围变狭隘也可能发生，这可能会阻碍运动员识别任务相关线索的能力，从而增加反应时间。

通常，运动员可以通过注意力的变化来调整最佳唤醒水平。下面，以篮球 5 人无防守快攻训练为例，1 号位通过在训练过程中的指令变化让每个位置的运动员可以通过注意力的变化来调整自己的最佳唤醒水平（图 3–15）。在这一快攻训练中，第一，一般只有 5 号位发端线球，1 号位接一传发动快攻，2 号位和 3 号位都要快速沿边线快下，3 号位一定是球队中速度最快的那位，2 号位每次都要冲刺到前场右边。第二，1 号位的进攻原则：1 号位在球队快攻当中非常重要，每次攻防转换接到球都要以最快的速度向前推进，然后传球给直接接球就能得分的人。第三，1 号位接 5 号位一传时不要迎前去接球，而要先向后场移动，再快速向前场摆脱对手后接 5 号位的传球，这样能够节省快攻的时间。第四，快攻跑动路线：5 号位抢到篮板球后，2 号位和 3 号位迅速沿边线快下，2 号位快速移动到前场底角三分线附近；3 号位先跑到中场线和边线的夹角处，再空切篮下；4 号位中路快下到篮下；5 号位抢到篮板球后，迅速传球给 1 号位，1 号位接球以最快的速度推进；5 号位传完球后，沿中路快下到前场罚球线附近。1 号位推进到前场，根据场上情况将球传给能够空位得分的运动员。

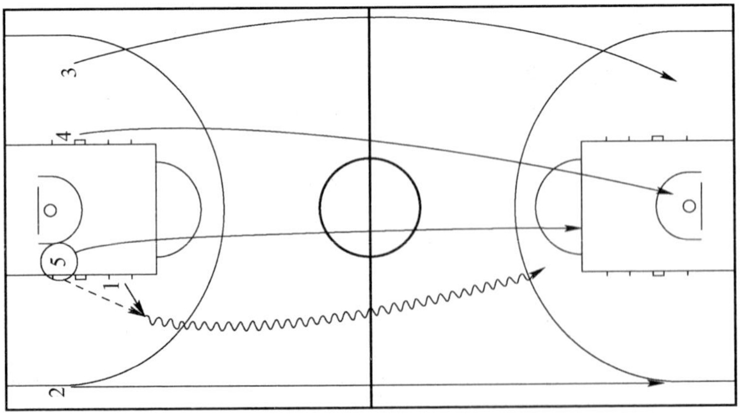

图 3–15　篮球快攻不同位置跑位示意图

在训练中，运动员使用开放式的动作技能，模拟比赛中可能出现的情况，在竞争环境中针对各种情况做出决策，可以增强他们适应新运动环境的能力，提高运动技巧。这种类似比赛的环境允许运动员在竞争的压力下调整自己的技能，更好地控制自己的唤醒水平。

总之，运动员获得最佳灵敏性和快速运动表现的能力在很大程度上取决于他们的感知和决策能力。为了充分发展这些能力，运动员必须继续获得比赛和训练经验，在各自的运动项目中识别与任务相关的线索，方法是在类似比赛的条件下进行训练，并使用旨在提高认知能力和技术运用能力的运动专项训练线索和方法。

三、中国女篮灵敏素质的训练方法

（一）热身

中国女篮经常采用的热身包括腰腹肌训练、拉伸练习和动态热身，其中主要采用扶墙提膝、体前交叉、髋关节绕环、动态拉伸，以及 ABC 跑动技术练习、10 次起跑技术的移动练习。

（二）“之”字形运球绕锥形障碍

这个训练可以帮助运动员提高快速的脚步移动和变换方向的能力（图 3–16），同时结合运球可以帮助他们训练快速带球突破的能力。

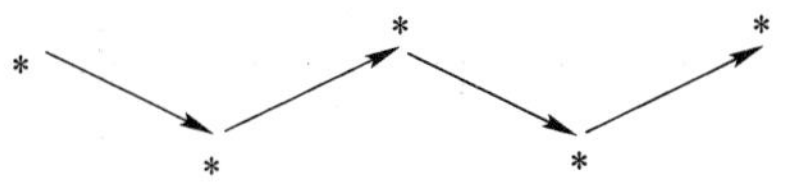

图 3–16 “之”字形运球绕锥形障碍

（1）将锥形障碍以“之”字形从一端线排列到另外一端线，每个锥形障碍之间的距离为 3～4 米。

（2）每两个锥形障碍之间运球 3 次，这要求运动员运球速度要快，同时运球时抬头。

（3）运动员绕过锥形障碍时要干净利落地猛烈内切，模拟运球过人突破。

（4）在这个训练中，往返一次相当于完成一组。当运动员熟练掌握，或教练员想将其同时作为体能训练，那么最高可以增加到 4 组。这个训练也可以作为热身的手段。

（5）“之”字形绕锥形障碍练习可以采用体前变向、转身、胯下交叉运球、胯下运球、背后运球等方式。

（三）限制区内训练

这个训练可以帮助运动员提高自身在很小区域内的移动能力（图 3–17）。运动员在限制区内要完成很多动作，所以在这个区域内进行专门的训练是很有必要的。将锥形障碍放在限制区的每一侧边线，运动员绕过锥形障碍时要干净利落地快速变向。运动员在训练中也可以结合运球完成此项训练。

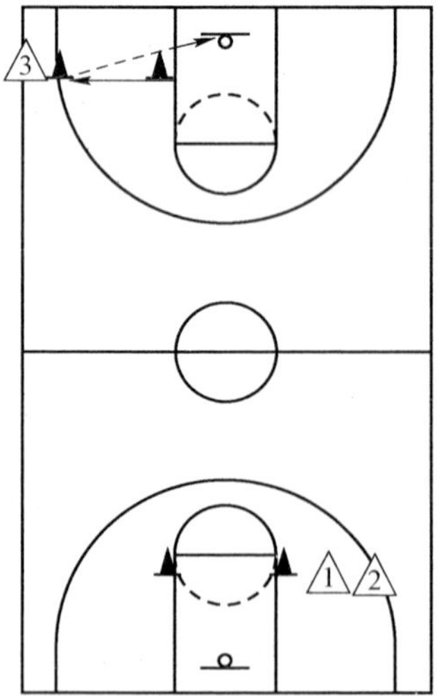

图 3–17　限制区内灵敏性训练

1. 左右滑步

（1）必须碰到线。

（2）每侧滑三步。

（3）可以在一侧放几卷胶布，捡起一卷胶布，滑步到另外一侧，用另外一只手将胶布放在该侧，排成一条线。滑步回来，重复上述动作。

（4）可以结合橡皮筋，运动员在腰间套上两条皮筋，同伴向两侧将皮筋拉长，运动员进行三步的左右滑步。

（5）可以只做简单的前后滑步。

（6）开始的时候做 30 秒，逐渐延长到 1 分钟。

（7）开始的时候做 5 组，逐渐增加至 7～10 组。

2. 冲刺和后退

（1）必须碰到线。

（2）在限制区的宽度内进行冲刺。

（3）后退回来重新开始（脚步不停下）。

（4）开始的时候做 30 秒，逐渐延长到 1 分钟。

（5）开始的时候做 5 组，逐渐增加至 7～10 组。

（6）可以给两侧的踝关节系上皮筋增大训练难度。

3. 跑动滑步和低手上篮

（1）在限制区一侧原地高抬腿跑，摆出防守姿势。

（2）滑步到三分线。

（3）冲刺，抢篮板，做假动作，然后上篮。回到起始位置，重复上述练习。

（4）两侧都进行训练。

（5）每侧重复 10～15 次。

4. 双球投篮（图 3–18）

（1）在限制区两侧各放置篮球一个。将篮球抓起，滑步，将球投进篮筐或触摸篮板。滑步到限制区的另外一侧，将篮球抓起，滑步，完成扣篮或触摸篮板，重复上述训练。

（2）将锥形障碍摆在限制区外面 45° 角的位置。运动员持球，触摸锥形障碍，做一个反向转身，运球上反篮。自投自抢篮板，冲刺到对侧的锥形障碍，触摸锥形障碍，反向转身，运球到对侧上反篮，接着重复上述动作。每组 10～20 次，做 4～6 组，或开始训练 30 秒，逐渐增加到 1 分钟。

（3）和第二步相同，但是运动员必须完成投篮动作。

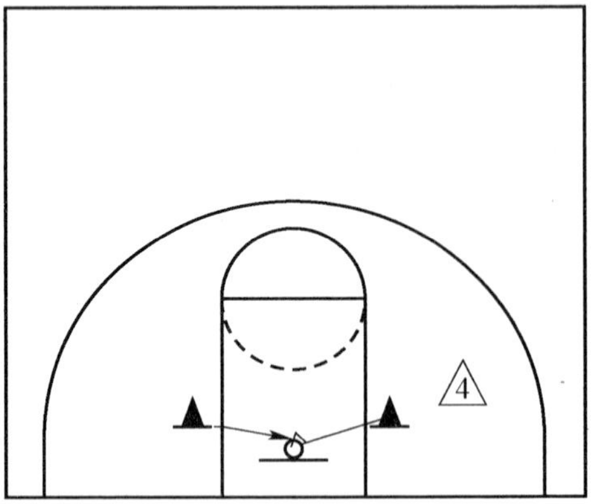

图 3–18　双球投篮

5. “S”滑步

（1）沿端线滑步。

（2）沿对角线滑步到罚球线。

（3）沿着罚球线滑步。

（4）沿对角线滑步到端线的起始位置，重复上述训练。

（5）换个方向开始训练。

（6）刚开始每个方向做 5 次，逐渐增加到每个方向 10 次。

6. 组合脚步（图 3–19）

（1）沿端线滑步。

（2）沿对角线冲刺到罚球线。

（3）沿着罚球线做交叉步。

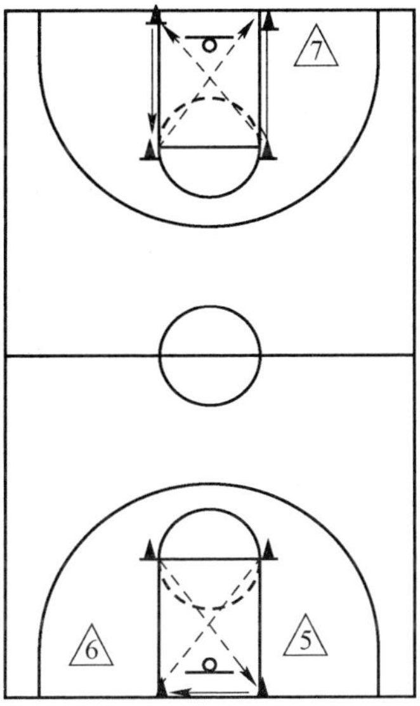

图 3–19　组合脚步

（4）沿对角线后退到端线的起始位置，重复上述训练。

（5）换个方向开始训练。

（6）刚开始每个方向做 5 次，逐渐增加到每个方向 10 次。

7. 冲刺—滑步—冲刺—后退（图 3–20）

（1）冲刺到罚球线。

（2）沿对角线滑步到端线。

（3）冲刺到罚球线。

（4）沿对角线滑步到端线（起始位置）。

（5）换个方向开始训练。

（6）刚开始每个方向做 5 次，逐渐增加到每个方向 10 次。

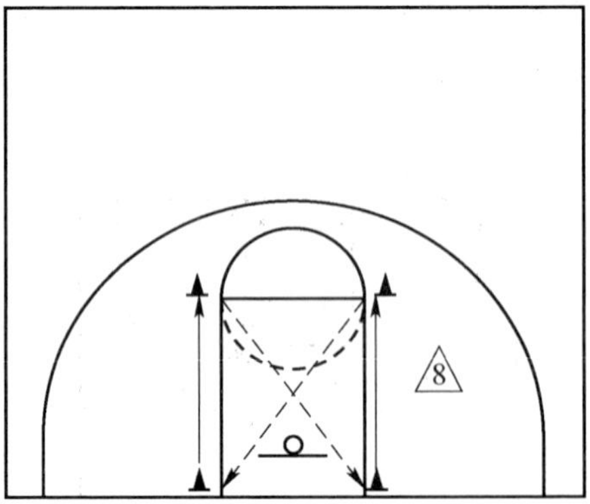

图 3–20　冲刺—滑步—冲刺—后退

8. 冲刺—滑步—后退—交叉步（图 3–21）

（1）从端线冲刺到罚球线。

（2）沿着罚球线滑步。

（3）后退到端线。

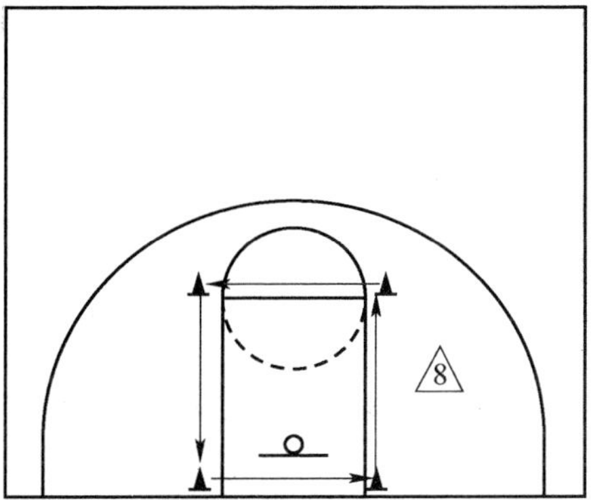

图 3–21　冲刺—滑步—后退—交叉步

（4）交叉步回到起点。

（5）换个方向开始训练。

（6）刚开始每个方向做 5 次，逐渐增加到每个方向 10 次。

（四）菱形图案脚步训练

这是让运动员在一个菱形图案内进行的训练，运动员要在菱形图案内变换不同路线和类型的脚步动作（图 3–22）。大的菱形图案从一端到另一端的距离是 10 米，而小的菱形图案从一端到另一端的距离是 5 米。菱形图案里摆 5 个锥形障碍，其中边上 4 个，中间 1 个。当运动员逐渐熟练掌握大的菱形图案中的训练后，就使用小的菱形图案进行训练，因为篮球场上很多动作都是在很小的空间内进行的。运动员必须在菱形图案内沿两个方向做动作。教练员对运动员走完一趟菱形图案的时间进行记录。另外也可以让更多运动员同时参与训练，摆两个菱形图案，将运动员分成两组，让两组运动员相互比谁先完成一趟训练。在运动员完成菱形图案的灵敏性训练的过程中，重点强调正确的技术动作及快速的脚步移动。等到运动员熟练掌握技术动作后，可以要求运动员运球完成完整的动作。

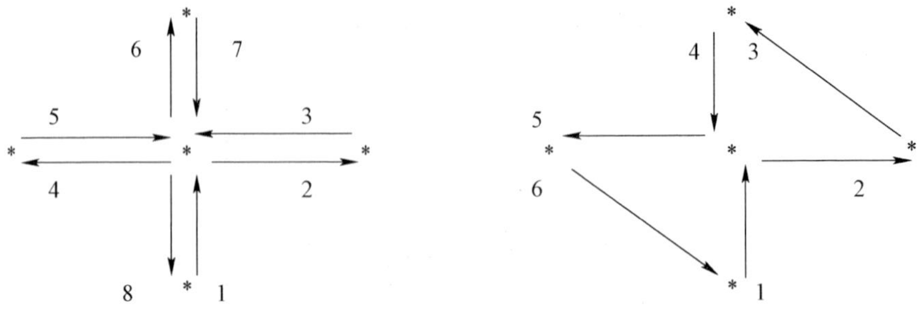

图 3-22　菱形图案中的脚步训练

1. 训练方案一（图 3-23）

冲刺—转身，交叉步—转身，滑步—转身，交叉步—转身，滑步—后退—冲刺—后退。

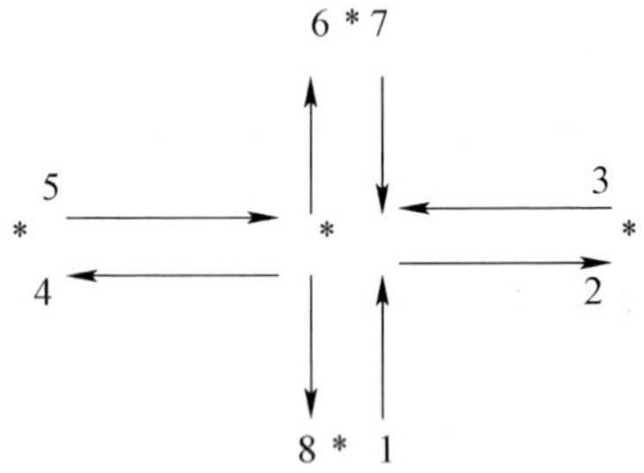

图 3-23　菱形图案中的脚步训练方案一

2. 训练方案二（图 3-24）

后退—滑步—交叉步—冲刺—侧身跑—冲刺。

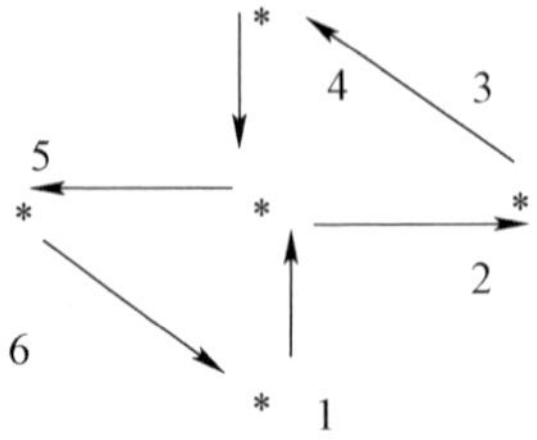

图 3-24　菱形图案中的脚步训练方案二

3. 训练方案三（图 3-25）

交叉步—后退—滑步—交叉步—冲刺—后退。

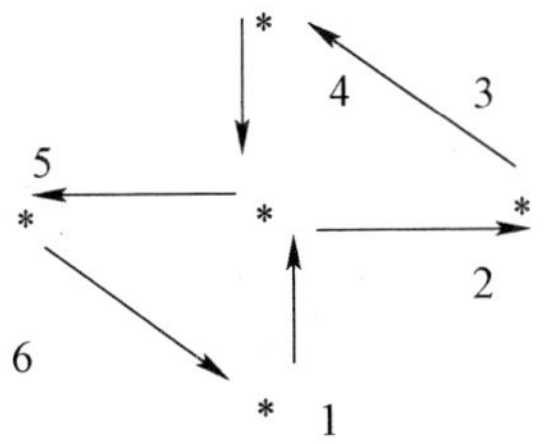

图 3-25 菱形图案中的脚步训练方案三

4. 训练方案四（图 3-26）

滑步—交叉步—滑步—交叉步—滑步—交叉步。

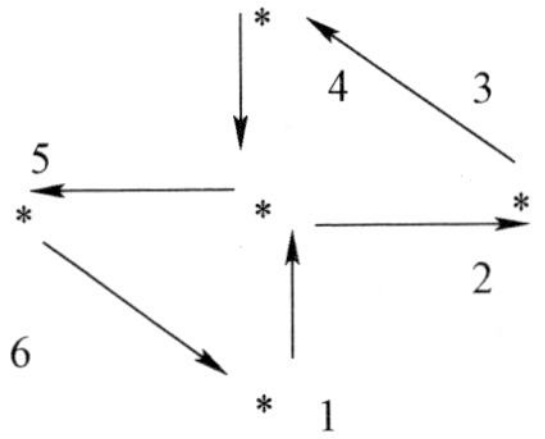

图 3-26 菱形图案中的脚步训练方案四

5. 训练方案五（图 3-27）

冲刺—滑步—冲刺—滑步—冲刺—滑步。

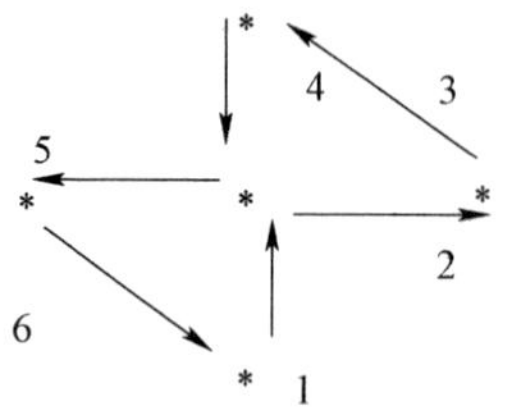

图 3-27 菱形图案中的脚步训练方案五

6. 训练方案六（图 3-28）

冲刺—交叉步—滑步—后退—冲刺—侧身跑。

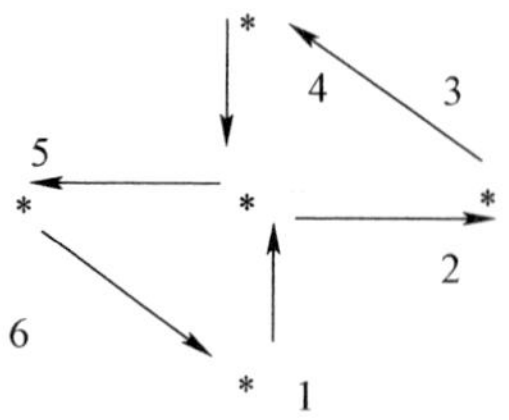

图 3-28 菱形图案中的脚步训练方案六

7. 训练方案七（图 3–29）

冲刺—变向，冲刺—变向，冲刺—变向，冲刺—变向，冲刺—变向—冲刺。

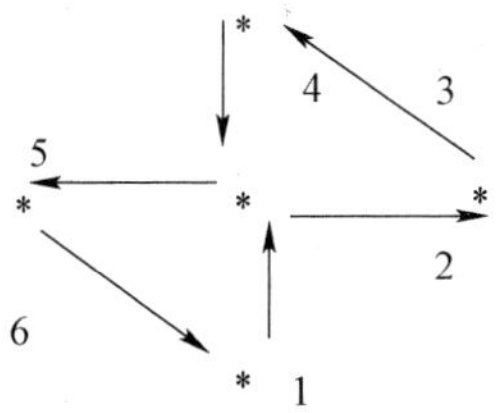

图 3–29　菱形图案中的脚步训练方案七

8. 训练方案八（图 3–30）

滑步—冲刺—后退—交叉步—后退—滑步。

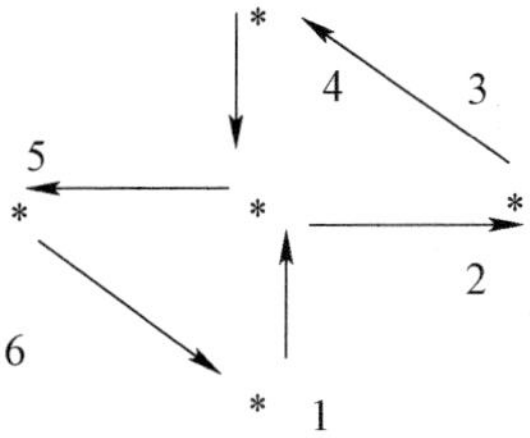

图 3–30　菱形图案中的脚步训练方案八

9. 训练方案九（图 3-31）

冲刺—后退—冲刺—后退—冲刺—后退。

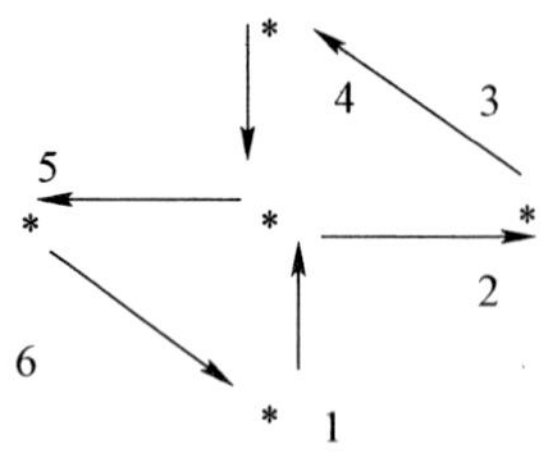

图 3-31　菱形图案中脚步训练方案九

10. 训练方案十（图 3-32）

滑步—滑步—滑步—滑步—滑步—滑步。

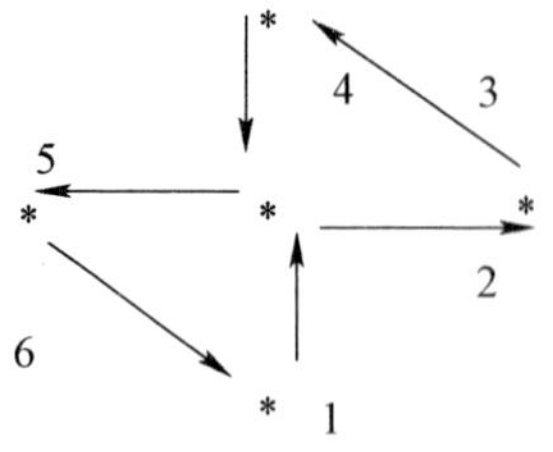

图 3-32　菱形图案中的脚步训练方案十

11. 训练方案十一（图 3–33）

滑步—后退—交叉步—冲刺—后退—交叉步。

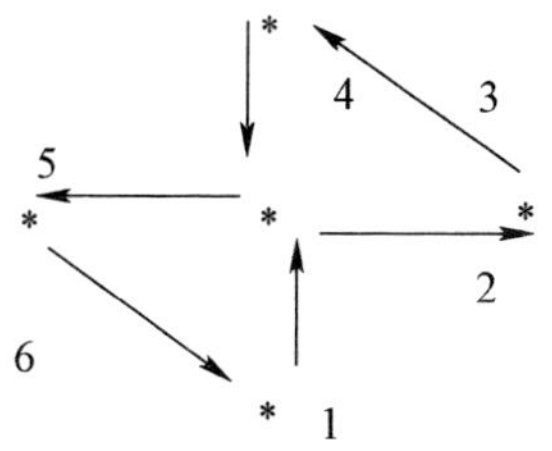

图 3–33　菱形图案中的脚步训练方案十一

（五）攻防转换

这个训练要求攻防双方的运动员从篮球场一侧的边线做攻防动作到另外一侧的边线，这对于运动员的防守能力和运球技术是非常有帮助的。防守队员在训练中要始终保持鼻子对着进攻队员胸部的高度，双手要举起，保持良好的防守姿势。防守队员必须用技术动作迫使进攻队员采用不同的运球技术进行突破。运动员要来回做 10 次，或每组做两分钟，连续完成 5～8 组。

攻防转换训练的基本要求：第一，两侧边线上每隔 5 米放置一个锥形障碍物，两侧边线相对的两个锥形障碍物的中点也放置一个锥形障碍物；第二，运动员要在两列锥形障碍物之间进行训练；第三，重点强调脚步动作的速度和方向的变换；第四，当攻防双方运动员到达另外一侧的边线后，双方交换攻防角色，继续进行此项练习。

（六）十二站灵活性循环训练

这一训练可以让多名运动员同时进行灵活性和体能训练。最开始的时候每一站点做两组，每组 30 秒，然后逐渐增加到每组 1 分钟。每组之间和换到下一站的休息时间为30秒。每一站点的训练都需要全速完成。

1. 反手上篮

在限制区外侧45°角的位置各放置一个锥形障碍物；运动员拿球碰一下锥形障碍物后，转身反向运球到篮下，完成反手上篮；自投自抢篮板球，冲刺到对侧的锥形障碍物，拿球碰一下锥形障碍物后，转身反向运球到篮下，到另外一侧完成反手上篮，然后重复上述训练。

2. 限制区内“×”路线综合脚步练习

让运动员在限制区内以不同的脚步走“×”路线，同时结合运球做不同的脚步动作。

3. 滑步对墙传球

让运动员左右快速滑步，同时对墙做不同的传球动作。运动员必须在移动的过程中进行连续传接球。

4. 跳绳

跳绳对于发展脚步速度非常有帮助，运动员在跳绳的时候可以做出不同的脚步动作。例如，双脚分开，右脚在前，双脚分开，左脚在前，然后再重复上述动作。当运动员熟练掌握动作顺序后，着重要求提高脚步动作的速度。

5. 两个锥形障碍扣篮

这个训练和上文的反手上篮类似，如果运动员能够完成的话，要求其将篮球或实心球扣进篮筐。

6. 皮筋阻力做探步假动作，体前变向，然后完成跳投

将一根阻力很大的皮筋绑在一根结实的柱子上，另一端套在运动员身上；运动员做一个探步的假动作，做一次体前变向运球，然后上步完成跳投；脚步后撤，往另外一个方向重复上述动作。皮筋必须始终保持拉紧状态。

7. 绳梯运球练习

运动员边运球边在绳梯上做不同的脚步动作，要求完成往前和往后的动作。

8. 低栏架侧身跑

将 8 个 7 厘米或 12 厘米高的低栏架以间隔 60 厘米的距离排成一排；运动员边运球边跨过低栏架做侧身跑，跑完后，边运球边反向做侧身跑；往左侧跑的时候用右手运球，往右侧跑的时候用左手运球。

9. 小菱形

摆放好一个小菱形，运动员在这个小菱形中做要求的各种脚步动作，如滑步；运动员要完成两个方向的脚步动作。

10. 运球冲刺跑过一组低栏架

将 8 个 7 厘米或 12 厘米高的低栏架摆成一条直线，每个栏架之间的距离为 122 厘米；运动员运球冲刺跑过每个低栏架；当运动员冲刺跑过最后一个栏架的时候，做一个反向转身的动作，然后回到起始位置。进行这个训练的时候，左右手都要运球做一遍。

11. 运球过“之”字形锥形障碍

将5个锥形障碍物以“之”字形摆开，每个锥形障碍物之间相隔90厘米；运动员做各种运球动作，穿过各个锥形障碍物；当穿过最后一个锥形障碍物的时候，带球做一次快速突破动作，然后回到起始位置；运动员在相邻两个锥形障碍物之间要做三次运球。

12. 限制区内滑步

将15块积木或15卷胶布沿限制区的边线摆放；运动员从限制区一侧的边线开始，滑三步，捡起积木（胶布），向对侧滑三步后换手，将积木（胶布）放在这一侧的边线上，不断重复，直到完成要求的训练时间。

第八节　康复性体能训练

根据篮球运动损伤的规律，中国女篮在集训初始阶段经常采用一些康复性的体能训练手段，这样可以帮助运动员预防运动损伤并提高运动表现，主要有膝关节的康复训练和腰背部的康复训练。

一、膝关节康复训练

中国女篮运动员膝关节的康复训练主要包括橡胶绳训练、本体感觉训练、上下台阶和单腿小幅度下蹲训练及瑞士球靠墙下蹲训练。

（一）橡胶绳训练

橡胶绳训练要求运动员把橡胶绳系在踝关节处，做屈髋、外展、内收、伸髋和侧向行走等动作模式。在完成以上动作模式的基础上，运动员在提膝状态下完成屈膝、外展、内收等动作模式。

（二）本体感觉训练

在本体感觉训练的过程中，运动员都要屈膝，且脚尖与膝盖朝向同一方向；膝关节弯曲时不超过脚尖垂直面。随着能力的提高，练习时的重心要越来越低；手（负重或持球）伸至屈膝一侧腿处，而后平举至对侧肩上。还可以完成以下动作模式：双手（负重或持球）直臂左右侧转肩练习、双手（负重或持球）直臂上下练习、双手（负重或持球）直臂顺/逆时针画圈练习、脚步移动练习、掷传实心球练习等。随着能力的提高，运动员可以站在转盘上做以上练习。掷传实心球时，可以往不同方向投掷（胸前/头上/高抛/侧向/背向后砸）。运动员可以轻松完成基础的本体感觉训练任务后，可以尝试闭眼完成以上练习。

（三）上下台阶和单腿小幅度下蹲训练

在完成这一训练时，要求运动员面朝正前，单腿站于台阶上，另一腿触碰地板并还原；面朝台阶，两腿做轮换踏步练习；单腿站于台阶上做小幅度下蹲；能力提高后可手负重完成训练。

（四）瑞士球靠墙下蹲训练

此训练要求运动员膝关节不超过脚尖垂直面；使用实心球做双臂上下平举练习；如果无疼痛，膝关节弯曲角度为90°；也可以进行单腿练

习；进阶要求为 30 秒，1 分钟，1 分 30 秒，2 分钟；实心球 10 次，15 次，20 次，

二、腰背部康复性体能训练

（一）桥形支撑腰腹练习

1. 计时桥形支撑练习（双臂）

仰卧双臂支撑—用脚趾和上臂支撑身体—支撑规定时间—停下（中间休息）—重复。

2. 单腿举起（双臂桥形支撑）

仰卧双臂支撑—用脚趾和上臂支撑身体—抬起一条腿—放下—重复换另一条腿。

3. 单臂桥形支撑

侧卧单臂支撑—桥形—支撑规定时间—停下（中间休息）—重复。

4. 侧躺肘弯曲（单臂桥形支撑）

侧卧单臂支撑，另一手臂放在脖子上—转动腰，带动肘靠近地板—转动腰，带动肘向上—重复规定次数。

5. 侧卧单臂支撑举腿

侧卧单臂支撑—桥形—高举腿—重复—换另一侧—重复。

6. 仰卧双臂支撑

仰卧双臂支撑—桥形—支撑规定时间—停下（中间休息）—重复。

7. 仰卧双臂支撑，单腿上举

仰卧双臂支撑—桥形支撑，单腿上举—放下—重复规定次数。

8. 双臂桥形支撑，臀部旋转

仰卧双臂支撑—脚趾支撑，身体呈桥形—旋转臀部，从一侧到另一侧。

9. 桥形支撑，手向前放

仰卧双臂支撑—脚趾支撑，身体呈桥形—其中一手臂尽力向前放—然后放回—重复。

10. 侧卧单臂支撑，臀部上下移动

侧卧单臂支撑—桥形—上下移动臀部，触到地板—再次呈桥形—重复。

11. 侧卧单臂支撑，膝盖靠近对侧肩

侧卧单臂支撑—桥形—膝盖靠近对侧肩并收回—重复—换另一侧。

12. 双臂支撑，膝盖靠近对侧肩

仰卧双臂支撑—桥形—收一侧腿，膝盖靠近对侧肩并收回—重复—换另一侧。

13. 侧卧单臂支撑，臀部旋转

侧卧单臂支撑—桥形—旋转臀部，一侧到另一侧—重复—换另一侧。

14. 混合桥形支撑

双臂桥形支撑—桥形—旋转臀部—上举一腿，膝盖靠近对侧肩—换另一侧—重复。

15. 混合侧躺单臂支撑

侧卧单臂支撑—桥形——一手放在脖子上—臀部上下移动，触到地板并收回—向上举腿并收回—非支撑侧手肘靠近地面并收回。

（二）实心球腰腹训练

1. 基本要求

两人一组，一人躺下，另一人站在其腿部，两腿夹紧同伴的腿，手放在臀部的高度，练习者上身起，用球去触另一人的手，再下去（手不能太向前，不要用手够球）。

2. 训练

（1）平躺，手臂胸前伸展，把实心球举起触碰同伴双手，重复此动作。

（2）平躺，手臂头上伸展，把实心球举起触碰同伴双手，重复此动作。

（3）左侧三角肌贴地板，手臂伸展，将实心球置于头部左侧 45 度方向，移动实心球触碰同伴右手，然后反方向重复此动作。

（4）平躺，实心球放在头部左侧，移动实心球触碰同伴左手，然后反方向重复此动作。

（5）左侧三角肌贴地板，手臂伸展将实心球放在左侧腹部位置，移动实心球触碰同伴右手，然后反方向重复此动作。

（6）侧躺，将实心球放置于身体左侧腹部位置，移动实心球触碰同伴左手，然后反方向重复此动作。

（三）橡皮球腰腹训练

1. 桥形支撑举腿

肩颈部放在球上—臀部抬起挺住——脚离地。

2. 上臂放在球上桥形支撑

上臂放在球上—桥形支撑，腿伸直。

3. 上臂放在球上举腿

上臂放在球上—桥形支撑—举一侧腿离地—重复。

4. 桥形支撑上臂移动

肩颈部放在球上—桥形支撑，上臂伸展—从一侧移动到另一侧，肩部保持在球上。

5. 肩颈桥形支撑

肩颈部放在球上—腿伸直，脚跟放在地板上—桥形支撑。

6. 臀部转动

身体呈俯卧撑的姿势—小臂放在球上—臀部转动，从一侧到另一侧。

7. 一侧桥形支撑

一侧上臂放在球上—桥形支撑—挺住，重复另一侧。

8. 综合

身体呈俯卧撑的姿势—腿放在球上—滚动球到胸部，然后退回—举起一腿，离开球，腿再回到球上—重复另一腿。

9. 背部桥形支撑举腿

背部着地—小腿放在球上—桥形支撑——次举起一腿。

10. “V” 形收腹

把球放在两腿之间夹住—两腿举起—放下。

11. 远近滚动

身体呈俯卧撑的姿势—上臂在球上—球滚动到胸部，再回去，完全伸展—重复。

12. 仰卧腿上举

仰卧—球放在两腿之间夹住，腿上举，臀部离地—重复。

13. 单腿桥形支撑

颈部放在球上，肩打开—举起一腿靠近胸部—臀部向上抬起，桥形支撑—返回开始姿势—重复。

14. 一腿举起

身体呈俯卧撑姿势—腿放在球上——腿举起，离开球—腿返回—重复。

第四章

中国女篮体能训练的主要特征

第一节 “力量主导”是中国女篮体能训练的根本特征

一、“力量主导”是中国女篮体能训练的实际需要

“力量主导”是中国女篮体能训练的实际需要。诸多学者在研究我国篮球运动员与欧美运动员的差距时明确指出，我们在身高、体重方面不亚于欧美选手，甚至可以超过对手，但我们在力量水平方面与对手存在很大的差距。在中国女篮实地调研时，负责国家队管理工作的时任中心副主任胡加时坦言：“我们与国外竞争对手在体能方面的最大差距是力量水平，一定要关注外教的体能训练计划，找出其中的规律，看看他们是如何让我们的运动员提高力量水平的。”中国女篮前主教练汤姆·马赫直言不讳中国女篮在体能方面最需要提高的是灵敏素质。他还进一步指出，我们的俱乐部在力量训练方面有很大问题，而这正是导致运动员灵敏素质不强的重要原因。国家体育总局篮球运动管理中心前主任李元伟在回忆外教的执教特点时也明确指出，美国体能教练艾尔在力量训练方面很有特点，其制订的训练计划对运动员的力量增长很有效果①。

二、“力量主导”是篮球运动体能训练的内在要求

从表 4-1 我们可以清晰地看到力量训练在中国女篮体能训练中的独特地

① 李元伟. 李元伟篮坛风云路[M]. 北京：中国书店，2010：168.

位。第一，在体能训练的周期安排中，明显突出了力量在整个体能训练周期中的导向作用；第二，从训练内容来看，力量训练作为一个独立的部分，在整个训练中的比重很高。这是因为，“力量主导”是篮球运动体能训练的内在要求。

表 4-1　力量训练在周期安排中的重要地位

类型	积累中周期	转换中周期	实现中周期
周训练次数	5 次	5 次	3 次
日训练时间	星期一、星期三、星期五训练约 60 分钟；星期二、星期六约 40 分钟	星期一、星期三、星期五训练约 60 分钟；星期二、星期六约 40 分钟	星期一、星期三、星期五训练约 40 分钟
占整个训练时间比重	17%～25%	17%～25%	17%

篮球作为一项高强度、对抗性的运动项目，其对抗的根本是身体的对抗，而身体对抗的核心是力量的对抗。没有强壮的身体，运动员不可能在场地狭小、人员密集的空间中占据最优位置；没有超强的爆发力，运动员不可能拥有抢篮板球的优势；没有良好的力量耐力，运动员不可能在持续的比赛中保持应有的技战术水平。世界篮球运动的发展充分印证了这一观点。在关于篮球本质特征的文献中，诸多学者无一例外地强调篮球的对抗性特征，但在体能训练中要想提高运动员的整体对抗能力，让运动员能够在整场比赛中保持篮球专项所需的最佳体能状态，必须处理好两对矛盾：其一，各种素质之间的矛盾；其二，能量代谢系统之间的矛盾，也就是有氧与无氧训练之间的矛盾。体能训练的实践已经充分证明若要处理好以上两对矛盾，力量训练是最好的选择，并且力量训练可以兼顾能量代谢系统与神经肌肉系统能力的提高[①]。鉴于此，“力量主导”是篮球运动体能训练的内在需求。

① 李春雷. 体能训练的误区与对策[J]. 中国体育教练员，2010（03）：25-29.

三、中国女篮体能训练“力量主导”特征的具体表现

（一）在篮球体能训练实践中突出“向心力量是基础，离心力量是关键”

肌肉收缩时，长度缩短的收缩称为向心收缩。相反，肌肉在收缩产生张力的同时被拉长的收缩称为离心收缩。篮球比赛过程中的起跳缓冲落地、急停变向等关键技术动作对运动员的离心力量要求很高，但在篮球力量训练的实践中，由于受到传统训练思维的影响，教练员偏重对向心力量的训练，忽视了离心力量的训练。比如，对于股四头肌的训练，我们在实践中最多采用负重杠铃深蹲或半蹲，这种力量训练动作模式是提高股四头肌向心力量的一种非常有效的方法，但由于肌肉的离心力量比向心力量强1～2倍，因此，负重杠铃半蹲和杠铃深蹲这种动作模式无法满足股四头肌的离心力量需求。另外，相关研究表明股四头肌离心力量与向心力量的失衡是造成膝关节诸多运动损伤的重要原因。有研究更进一步指出，离心力量训练不仅有利于改善力量增长的停滞现象，还能增强肌肉结缔组织的强度，肌肉结缔组织如韧带、肌腱等肌肉非收缩成分的形态学适应必然产生肌肉组织在功能方面的改变，因此对预防运动损伤具有重要的意义。

在中国女篮的体能训练过程中，笔者就腿部力量训练问题同运动员和教练员进行了深入的交谈发现，忽视股四头肌离心力量训练和股后肌群的离心力量训练是一个普遍问题，产生这样问题的原因在于教练员对离心力量训练认识不足。大部分教练员并不清楚离心力量训练对于提高肌肉结缔组织强度的重要意义，而这是向心力量训练所无法实现的。另外，由于我们的日常动作模式对离心力量的需求并不高，一般情况下，我们没有必要进行专门的训练来提高离心力量，但篮球运动的专项动作模式对离心力量提出了极高的要求。如果在一般力量训练中不进行专门的离心力量训练，那么在比赛过程中，

运动员现有的离心力量能力是无法满足比赛对离心力量的需求的。再者，离心力量训练往往需要一些特殊的器械设备和必要的保护，这也是离心力量训练无法更好地实施的一个重要原因。

中国女篮的体能训练计划特别重视离心力量的训练，具体表现在两个方面。第一，在康复性体能训练中，特别重视离心力量训练在运动员康复过程中的重要作用。国家队专门为运动员配备了离心力量训练的器械设备。第二，在一般力量训练动作模式设计中，中国女篮体能教练专门针对队员离心力量薄弱问题设计了腿部蹬伸动作模式和股后肌群屈曲动作模式。客观而言，这两个动作模式也是当前一般力量训练中比较常用的动作模式，但问题的关键在于如何进行负荷的调整。离心力量训练重在负荷的安排，中国女篮体能教练要求运动员在腿部蹬伸的向心收缩阶段（上升阶段）用双腿，而在离心收缩阶段（下降阶段）用单腿，这样可以增加训练负荷。同理，在双腿屈曲动作模式中，上升阶段用双腿，而下降阶段用单腿，从而增加训练负荷。在实际调研过程中，运动员的反馈非常好，中国女篮的运动员普遍认为这种训练不仅增强了腿部肌肉力量，而且提高了自身在训练过程中的专注度，而专注度在篮球比赛中也是非常重要的。

重视离心力量训练已经成为当前我国集体球类项目体能训练的一个显著特征。在体能训练实践中，中国女篮坚持“向心力量是基础、离心力量是关键”的理念，这是对我国训练实践领域传统思维的突破。

（二）在专项特征的引领下突出“最大力量是基础，快速力量是关键”

篮球作为一项集体球类运动项目，对其专项特征的研究一直是学界关注的重要问题。从众多关于篮球项目特征的文献可以看出，对篮球运动专项特征的描述永远脱离不了高强度下的对抗特性。中国女篮体能训练实践正是遵循这一特性，突出“最大力量是基础，快速力量是关键”。中国女篮的每一个集训大周期分为三个中周期，即三个训练阶段，每个阶段都有力量训练的核心要求，而最大力量能力是每个阶段的基础，这是由篮球运动高强度对抗的特征所决定的。第一阶段力量训练主要通过增加肌纤维横断面积来提高最大力量，为后面两个训练阶段奠定基础。第二个阶段力量训练的核心是ⅡA型肌纤维，增加了速度的要求，但其基本目的还是要提高并保持最大力量能力。第三个阶段力量训练的核心在ⅡB型肌纤维，更强调速度力量的发展，为专项比赛做准备。

（三）在功能性训练理念的指导下突出“一般力量是基础，专项力量是关键”

力量素质是神经肌肉系统对抗阻力的能力，依据其与运动专项的关系，可分为一般力量与专项力量。一般力量是人体在完成非专项动作模式的过程中神经肌肉系统所表现出来的克服阻力的能力，而专项力量则是人体在完成专项技术（动作模式）的过程中神经肌肉系统所表现出来的克服阻力的能力。在当前的训练实践中，一般力量是指力量房的力量训练，即抗阻力量训练，也可以称为传统力量训练。专项力量训练则更倾向从专项技术的视角去看待力量训练，专项力量训练需满足以下三个方面的要求：第一，参与专项运动的肌肉在力量训练中被动员；第二，肌肉的工作方式与专项技术一致；第三，肌肉与肌群之间的配合与专项技术特点一致。这样才能将机体各环节的肌肉力量整合，形成正确的用力顺序[①]。在力量训练实践中，教练员的基本思维是提高一般力量水平，同时把一般力量能力更好地转换为专项力量能力。但如何转换？对这一问题更深层次的认识与实践正是当前国外功能性训练理念成

---

① 陈小平. 论专项特征——当前我国运动训练存在的主要问题及对策[J]. 体育科学，2007，27（02）：72－78.

为学界与业界热点问题的根源。由此，功能性力量（functional strength）训练成为一个热词，诸多学者在关于功能性力量训练的研究中指出：功能性力量是近年竞技体育力量训练中出现的一种新型训练方法，它主要是指以提高全身肌肉整体工作能力和效率为目的，强调躯干部位和各关节周围小肌肉群的稳定辅助作用的力量①。结合中国女篮体能训练实践，本文更倾向于把功能性力量作为一种训练理念，这一理念指导下的核心力量训练、悬吊训练、振动训练、本体感觉功能训练等则是一般力量向专项力量转换过程中的重要方法。

笔者认为在一般力量与专项力量训练实践中，一般力量训练方法与专项力量训练方法都包含“功能性”的成分，关键问题在于教练员在设计一般力量训练动作模式和专项力量训练动作模式的过程中是否将功能性力量训练理念作为理论指导，教练员是倾向于经验式思维还是理论式思维，这两种思维方式对训练实践的影响是深远的。当然，我们希望教练员在力量训练的实践中，以理论式思维应用“功能性”的理念。只有将功能性力量训练的理念植入教练员的训练思维模式，教练员才能发挥自己的聪明才智，寻求更好的方法与手段，把一般力量训练的效果高效地转换为专项力量能力。然而，功能性力量训练的理念怎样才能体现在力量训练的实践中？陈小平认为，与传统抗阻力量训练相比，功能性力量应具备三个特征：第一，在解剖位置上更强调躯干部位和各关节周围的肌肉；第二，在生理功能方面，强调平衡与稳定，强调神经肌肉功能；第三，功能性力量是一种“柔性”力量，强调肌肉之间与肌肉内的协调，在完成动作模式的过程中表现出一种整体性。桑塔纳直接指出功能性力量训练的五大要素：站立姿势、使用自由重量、使用多关节、

① 陈小平. 力量训练的发展动向与趋势. 体育科学，2004，24（09）：36-40.

动态、功能式的训练[①]。根据以上两位专家对功能性力量训练的理论分析中国女篮体能教练力量训练动作模式的设计，我们可以得出一个结论，中国女篮的力量训练动作模式设计突出了功能性力量训练理念，具体表现在以下几个方面：第一，在抗阻训练动作模式的设计中突出了单腿动作模式，单腿动作模式提高了神经系统对肌肉的支配能力；第二，在抗阻训练动作模式设计中突出了核心力量训练，每天的力量训练都包括核心力量训练，通过核心力量训练，提高了运动员完成动作模式的整体能力；第三，在抗阻训练动作模式中突出了神经肌肉系统本体感觉训练，这种动作模式的训练提高了肌肉间与肌肉内的协调能力，使一般力量向专项力量转换更加有效；第四，在抗阻训练动作模式设计中突出了全身性爆发力训练动作模式，这种训练使用多关节，可以有效提高专项力量水平。

第二节　强调速度与技术的优化训练是中国女篮体能训练的显著特征

篮球运动是速度与平衡的艺术，任何一位教练员都不可能忽视速度在篮球运动中的重要作用，同样，篮球又是一项对技术要求很高的运动项目，任何一位教练员都不会放松对运动员技术方面的要求。篮球运动的项目特征需要运动员在快速的变化中表现出稳定、高效的运球、传球、投篮等专项技术。因此，在训练实践中，做到速度与技术的优化是教练员必须解决的问题。然而，如何解决这一问题呢？本研究认为需要从两个方面入手。第一，教练员之间的协同配合。在训练实践中，速度训练的任务一般由体

① 胡安·卡洛斯·桑塔纳，功能性训练－挣脱传统束缚指导手册[M]. 王云峰，译. 北京：北京体育大学出版社，2000.

能教练完成，技术训练的任务一般由助理教练完成，这种安排很难实现速度与技术的优化。因此，教练员之间的协同配合是解决这一问题的基础。第二，排除教练员的合作因素，在训练实践中，大部分教练员对如何进行速度与技术的优化表现出一种茫然的状态，并不清楚其中隐含的深刻道理，这在我国的篮球教练员中比较普遍。正如李元伟所言，我们有些教练员片面地强调"三从一大"，自己摸索训练的方法手段，想当然地"折腾"运动员，所以，我们的运动员总与伤病为伴，低效训练和无效训练比例很大，走过的弯路很多，付出的代价十分惨痛。因此，教练员只有真正理解速度与技术优化训练背后的深层原因，才能实施高效的速度与技术优化训练。

中国女篮的速度与技术训练合理地解决了以上两个问题，是高效的速度与技术优化训练的经典案例。

在调研过程中，艾尔教练谈及中国女篮体能训练中关于速度与技术训练安排的科学依据时明确指出：速度与技术的训练必须安排在准备活动之后，这是最佳选择，一切违反这一选择的行为都会造成速度与技术训练无效或寡效的结果。从生理学的角度考虑，人体在准备活动后，能量代谢系统和神经肌肉系统处于最佳状态，而速度与技术训练在神经肌肉系统和能量代谢系统处于最佳状态时才能产生最佳的效果。卡尔·迪茨（Cal Dietz）指出在准备活动结束后，人体在速度训练与技术训练方面会出现一个优化窗口期，而速度训练与技术训练只有在这个窗口期进行才能得到最佳的训练效果[①]（图 4-1）。

① DIETZ C. Speed and Skill Optimization [EB/OL] [2013-1-15]. http://www.nsca.com/Education/Articles/Speed-and-Skill-Optimization-with-Cal-Dietz/.

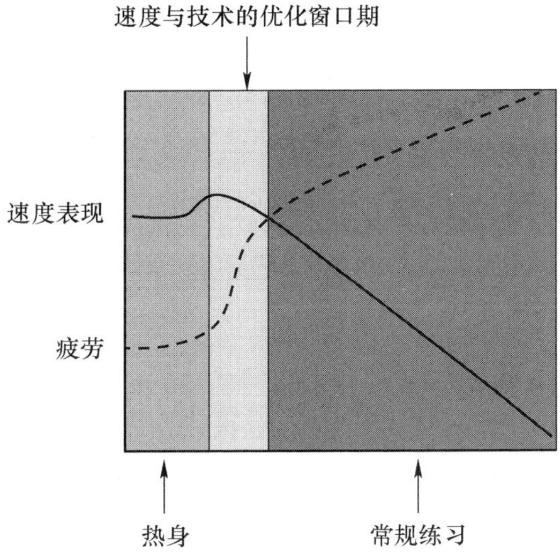

图 4-1　速度、疲劳和训练时间的关系

中国女篮的速度与技术优化训练就是根据以上原理设计的。中国女篮的速度与技术优化训练一般安排在转换中周期和实现中周期，以周训练计划为例，速度与技术优化训练经常安排在星期一和星期五，每周安排两次，星期一一般安排速度与篮球技术训练的结合，星期五一般安排灵敏素质与技术优化训练。表 4-2 是中国女篮转换中周期星期五灵敏与技术优化训练安排负荷范例。在灵敏素质训练后一般设计篮球技术训练，要求运动员在低强度的负荷状态下完成技术训练，比如，3 秒的灵敏训练完成后，在 50～75 秒的间歇期间，要求运动员进行中距离投篮训练，并要求其保持一定的命中率。如果在训练的过程中发现运动员的投篮命中率明显下降，或灵敏训练的成绩出现明显下降，这项训练就必须停止，然后转入下一个训练内容。

表 4–2　中国女篮转换中周期灵敏与技术优化训练安排负荷范例

灵敏训练每次训练时间	间歇时间	重复次数
3 秒	50～75 秒	8～12 次
5 秒	75～90 秒	6～8 次
7 秒	90～120 秒	4～6 次

第三节　心理训练融入体能训练是中国女篮体能训练的重要特征

篮球作为一项集体球类运动项目，对运动员的心理素质要求较高。优秀的篮球教练员在训练的实践中，会积极主动地把一些心理训练的内容融入技战术训练实践。通过长期的、严格的心理训练，运动员会逐渐提高自身对比赛的驾驭能力，尤其是专注比赛的能力。可以说，把心理训练融入技战术训练在业界已经达成共识，但把心理训练融入体能训练的实践却比较少见。究其原因，不外乎以下几个方面。第一，受传统观念的影响，我国在篮球训练实践中，常常以技战术训练代替体能训练，忽视体能训练的重要作用。第二，体能训练相较于技战术训练，训练方法手段比较单调，很难激发运动员的训练积极性。第三，受到传统文化的影响，女篮运动员对体能训练有所顾虑，担心肌肉的增长影响自身对审美的需求。第四，积极有效的心理训练对体能教练的要求较高，不仅要求体能教练深谙专项体能训练的规律，还要求体能教练熟知系统的心理训练理论、方法，同时体能教练还要具有人格魅力。训练会受到很多因素的影响与制约，体能训练也不例外。然而，优秀的体能教练总能在这些复杂的因素中抓住问题的本质，以有效的理论解决问题。

在对中国女篮调研的过程中，所有曾经与体能教练艾尔一起训练的运动员谈起艾尔的训练，几乎都有同样的感触：她们觉得这个外国老头很有趣，能够激发她们的训练热情。对于这个问题，笔者与艾尔教练进行了沟通。他说，运动员之所以能够以饱满的热情进行体能训练，最为重要的原因是他在体能训练方法手段设计的过程中考虑了运动员的心理因素，而对运动员心理因素的准确把握是建立在相关心理学理论基础之上的。对此，他进一步谈到，心理学理论落实在训练实践中可以简化为一句话——让运动员做正确的事，促使运动员在训练和比赛过程中正确地思考。笔者在跟队过程中将艾尔如何激发运动员进行体能训练总结为以下三个方面。

第一，以正确的理论做指导。每个运动员都有自己的思想，有时候他们的想法是正确的，有时候是错误的。运动员在短期内可能有多个想法，有时候运动员会在一个时期内痴迷于一种想法。无论运动员有多少种思想，在一个固定的时间内，运动员都只会有一种思想存在，因此，心理训练的重要性在于让运动员在这个固定的时间内专注于能够提高运动表现的思想。当错误的思想产生时，运动员需要一个切实可行的训练计划来使她们重新专注于正确的思想，只有正确的思想才能让运动员更快地提高运动表现。解决专注于正确思想这一问题时，中国女篮体能教练在训练实践中主要采用时间导向理论[①]（图 4–2）。

① ZULEGER B. Integrating Mental Skills Training Into a strength and Conditioning Program. [EB/ OL]. [2013–2–16]. http://www.nsca.com/Education/Articles/Hot–Topic–Integrating–Mental–Skills/.

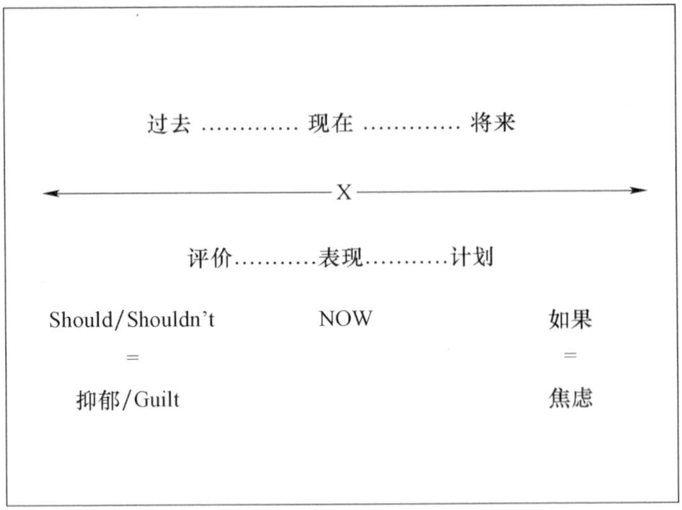

图 4-2　时间导向理论

在体能训练的实践中，运动员首先需要做的事情就是专注于正确的思想，而运动员在训练的过程中，经常会带着对过去的评估及未来的期待进行训练，这些在训练中是完全不可取的。运动员只有在当前训练状态中专注于正确的思想才是训练的重点，只有这样，运动员才能更好地提高自己的运动表现。

第二，通过对动作的控制与目标的设定来设计具体的体能训练手段。图 4-3 是运动员康复性体能训练中的一个经典动作模式，这个动作模式通过对运动员腰部的控制、膝关节角度的控制，实现实心球上举的目标任务。在这样的动作模式中，运动员通过完成正确的任务，形成正确的思想。当然，在实际训练过程中，运动员某些思想的形成，需要长时间反复做正确的事情才能最终形成，因此，这一过程必须存在于整个篮球运动员的训练实践。

第三，及时的反馈。运动员在体能训练过程中经常会出现由于思想变动而影响动作质量的情况，这个时候教练员必须及时提供动作的反馈，让运动员按照正确的动作完成训练。比如，在抗阻力量训练中发展后三角肌的一个传统训练动作主要是基于篮球专项特征的需求。在比赛过程中，运动员在对抗要位（尤其是中锋运动员）时经常会架起双臂，这一动作对运动员后三角肌群的力量要求较高，但在训练实践中，很多运动员并没有把双臂抬起来与地面平行，经常是以较小的角度进行训练，这样的训练效果并不能满足比赛对后三角肌群的要求。因此，出现这种情况时教练员要及时纠正，给运动员解释原因，让运动员做正确的事情；通过训练，运动员会自觉地在比赛中运用，当运动员感受到其意义的时候，正确的思想就慢慢形成了。

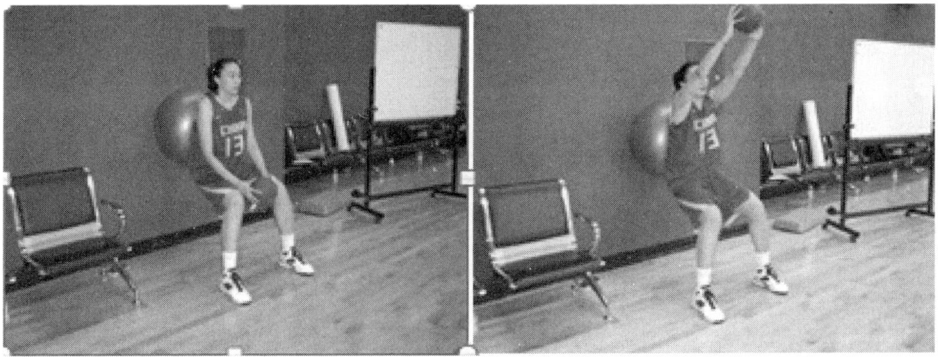

图 4-3　瑞士球靠墙下蹲动作模式

第四节　注重康复性体能训练是中国女篮体能训练的基本特征

李元伟在总结外教的优势和特点时，专门提到外教高度重视伤病预防和康复。中国女篮前主教练汤姆·马赫也指出：“中国队队员很优秀，但很多人不能打，像任蕾、叶莉、王玲，因为有伤病，所以我认为素质训练的前提是要拥有健康的肢体，把肢体练坏不是我们愿意看到的结果。像刘丹这样的膝关节，不光会对她的运动生涯造成影响，更是一生的问题。一些大个子的运动员刚到国家队开始专业训练会有些不适应，如拉伤、积水等都很正常，但不像刘丹那样，她的软组织都磨损得没有了，这不是病，这是过度训练导致的。我真的认为中国有实力夺金，但要使更多的运动员拥有激情和健康。”为什么外教非常重视康复性体能训练？笔者将其总结为两个原因。第一，篮球运动的专项特征使运动员在训练和比赛中容易造成髋、膝、踝三个关节的运动损伤，对于女篮运动员来说，由于其解剖学特点，很容易造成前十字韧带和内侧副韧带的损伤。研究表明，高身体质量指数的集体球类运动员发生伤病的概率较大，比如，非接触性的踝关节损伤。对于集体球类项目而言，女性的伤病发生率高于男性。女运动员下肢伤病发生率更是明显高于男运动员。第二，中国女篮运动员在集训开始时就受到伤病困扰。就这一问题，中国女篮体能教练艾尔谈到，在2006—2012年中国女篮集训报到时，伤病报告显示大部分运动员“伤痕累累”。就此我们可以推测出运动员在俱乐部训练时可能存在过度训练等问题，对于体能训练，可能存在训练的理论和方法比较落后的问题。这一推测结果在实地调研时得到了国家篮球队体能康复顾问陈方灿博士的证实。

笔者通过对中国女篮体能训练的全程跟踪，总结出中国女篮康复性体能训练的两个特征。第一，离心力量训练在康复性体能训练动作模式设计中占有重要地位。肌肉离心力量的训练在康复性体能训练中的作用在学界已经达成共识。膝关节作为连接踝关节与髋关节的重要枢纽，在篮球运动训练与比赛的过程中发挥着重要的作用，运动员在训练与比赛过程中的很多运动损伤是由于膝关节肌肉力量不平衡造成的，尤其是受传统训练思维的影响，一些教练员在体能训练实践中忽视了运动员膝关节周围肌群的离心力量训练。针对这一问题，中国女篮在康复性体能训练实践中突出了膝关节的离心力量训练。第二，神经肌肉系统的稳定性和平衡性训练在动作模式设计中占有重要地位。从篮球比赛的实际出发，在高强度的比赛后期，运动员的神经肌肉系统容易疲劳，而神经肌肉系统的疲劳正是产生运动损伤的重要原因。因此，针对这一问题，在中国女篮的体能训练实践中，艾尔设计了很多神经肌肉系统稳定性和平衡性的训练，通过提高神经系统的控制能力和感知觉系统的能力来加强功能稳定性，并把这些动作模式长期贯穿在训练之中，尤其是在技战术训练开始或结束时。

中国女篮体能训练的四个特征是篮球专项体能训练规律在篮球体能训练实践中的具体体现。在四个特征中，“力量主导”是本质特征，其他三个特征在“力量主导”特征的引领下共同构成中国女篮体能训练的整体特征。在篮球体能训练实践中，坚持以“力量主导”为根本特征，发挥其他三个特征的整体作用，对解决篮球体能训练中存在的诸多问题具有重要意义。

第五章

中国女篮体能训练的周期安排

图 5-1 显示了中国女篮体能训练安排的三个阶段，每个大周期由三个中周期组成，也可以说是由三个板块组成，而三个板块的主导训练模式分别是力量—有氧供能（氧化能系统）主导训练模式、力量—无氧糖酵解供能（酵解能系统）主导训练模式、力量—无氧供能（磷酸原系统）主导训练模式。在训练模型中，每个训练板块的结构都是以力量为主导展开的。但在不同的板块中，力量具有不同的表现形式。在第一个阶段中，力量训练主要针对的目标肌群是Ⅰ型肌纤维，能量输出以有氧供能为主，以一般功能动作模式为主，并充分考虑身体环节稳定性与灵活性的动作模式；在第二阶段中，力量训练主要针对的目标肌群是ⅡA 型肌纤维，能量输出以无氧糖酵解供能为主，以专项功能动作模式为主，并充分考虑身体环节稳定性与灵活性的功能动作模式；在第三阶段中，力量训练主要针对的目标肌群是ⅡB 型肌纤维，能量输出以无氧供能为主，以专项技术动作模式为主。这种金字塔模型的周期安排，成功地解决了中国女篮力量与各项素质发展、有氧与无氧训练的问题，从而提高了运动员的体能水平。

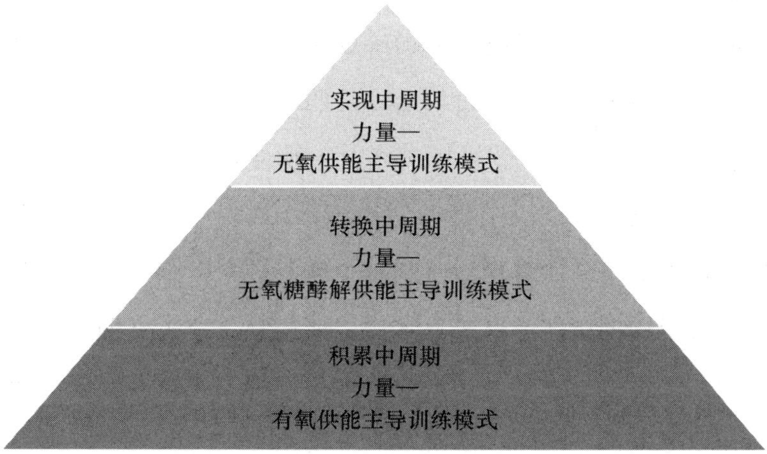

图 5-1　中国女篮体能训练安排金字塔模型

第一节 积累板块中周期的训练内容安排特征

积累板块中周期的主要特征为，在相对小的强度下进行相对大的训练负荷量。由于积累中周期板块是专为提升基础运动能力而设计的，所以它的持续时间值得特别关注。持续时间主要受两个因素的影响：第一，要有充足的时间获得靶目标运动能力所期望的训练效应；第二，赛程决定了时间的限制。中国女篮的集训已经成为一种制度，这种制度的最终目的是通过集中训练完成本年度的大赛目标。集训开始的时间基本上为每年的三月中旬，也就是大部分运动员完成联赛比赛任务后大约两周的时间。在训练的初期，运动员的身体处于相对疲劳的状态，需要调整恢复。积累中周期的目的就是发展运动员的基础运动能力，使运动员从联赛的疲劳状态中恢复过来。篮球运动员的基础运动能力包括肌肉最大力量和有氧耐力。这两种能力的发展需要长时间的形态和器官变化，所以我们需要充足的时间来完成这种生理适应，但这一时间也不能过长，长时间的训练反而会使最大力量和有氧耐力的适应性下降。根据中国女篮集训阶段运动员的总体情况，这个阶段一般会持续 2～4 周的时间。中国女篮的集训阶段一般会分为两个大周期，每个大周期由三个板块周期构成。在第一个大周期中，由于距离下次比赛的时间较长，运动员也需要从联赛的疲惫状态中恢复过来，因此，第一个大周期中的积累板块中周期可能会延长至 4 周，而在第二个大周期中，由于距离大赛的时间比较近，加上运动员身体能力的增强，积累板块中周期的时间可能会缩短至 2 周。

表 5–1 是中国女篮积累板块中周期的一个周训练计划，从中我们可以看

出训练内容安排方面的特征。第一，积累板块中周期体能训练的内容包括热身、力量、康复、体能及放松拉伸。力量训练在积累板块中周期中占据极其重要的位置，每周安排五次力量训练。第二，在力量训练的安排上主要采用 12RM、3～4 组的练习负荷，以此来增加肌肉的体积、提高肌肉的最大力量能力。第三，康复性的体能训练贯穿整个体能训练计划，安排康复性体能训练是考虑到运动员的身体伤病情况，通过康复性的体能训练对运动员进行身体功能性恢复，预防运动损伤。第四，在运动员素质发展中，采用正确的跑步技术练习、防守时膝关节的姿势、五步加速技术训练、跳跃训练、正确的力量训练技巧等动作模式，让运动员对以上动作模式有一个基本的适应，为转换板块中周期与实现板块中周期运动员素质的发展奠定基础。第五，在热身活动中，通过不同的动作模式发展运动员的核心力量。

表 5-1　积累板块中周期周训练计划示例

日期	训练计划
星期一	a 热身　a1. 腰腹训练（支撑）　a2. 移动热身 b 力量　力量房 12RM，12 RM，12 RM c 康复　腰，膝盖，脚踝 d 体能　运动员素质发展：d1. 7 厘米跨栏×10　d2. 12 厘米跨栏×10 e 放松拉伸
星期二	a 热身　a1. 腰腹训练（实心球×20）　a2. 移动热身 B 力量　力量房 12 RM，12 RM，12 RM c 康复　腰，膝盖，脚踝 d 体能　运动员素质发展：脚踝套皮筋滑步（4～5）×20 秒 e 放松拉伸

续表

日期	训练计划
星期三	a 热身　a1. 腰腹训练（×40）　a2. 移动热身 b 力量　力量房 12 RM，12 RM，12 RM c 康复　腰，膝盖，脚踝 d 体能　运动员素质发展：　脚步速度梯子 e 放松拉伸
星期四	a 热身　a1. 腰腹训练（实心球腰腹×22）　a2. 移动热身 b 力量　力量房 12 RM，12 RM，12 RM c 康复　腰，膝盖，脚踝 d 体能　运动员素质发展：滑板×4　30 秒 e 放松拉伸
星期五	a 热身　a1. 腰腹训练（瑞士球腰腹）　a2. 移动热身 b 力量　力量房 12 RM，12 RM，12 RM c 康复　腰，膝盖，脚踝 d 体能　运动员素质发展：皮筋训练 e 放松拉伸
星期六	比赛

积累板块中周期主要以力量—有氧供能板块小周期主导训练模式为主。力量—有氧供能板块小周期主导训练模式主要针对Ⅰ型肌纤维的能量输出。一板块小周期主要是发展运动员的最大力量能力。在训练的方法手段、训练负荷强度、间歇时间、训练频率等方面也主要针对Ⅰ型肌纤维的能量输出。有氧供能能力的训练是指在运动员进行其他素质（除力量外）训练时，充分考虑发展Ⅰ型肌纤维的能量输出。此小周期主要实现力量训练与有氧供能能力训练在Ⅰ型肌纤维群上的统一。

将力量和有氧训练组合到一起需要特别说明，一方面，这种组合训练方式与单纯的力量训练相比，降低了力量水平的增长；另一方面，力量练习本身会增加肌肉的质量，但这种肌肉的氧化能力相对较低。由此可以看出，氧化酶和线粒体质量的成比例提高并不能使肌肉质量增长。所以，这种训练模式很难提高专项竞技能力。但是，我们需要强调的是在积累板块中周期，训练的目的是提高Ⅰ型肌纤维的能量输出。力量和有氧训练的结合保证了肌肉在增长过程中的良好氧化能力，能为下一个板块中周期奠定坚实的基础。

当然，在积累板块中周期中，除主导的力量—有氧供能板块小周期外，还有其他的兼容训练模式，比如，无氧无乳酸训练（最大速度）、作为有氧潜能一部分的有氧力量耐力和动作技术训练模式（表 5–2）。

表 5–2　力量—有氧板块小周期主导的训练模式与兼容训练模式

主导训练模式	兼容训练模式
力量—有氧训练模式	有氧力量耐力、无氧无乳酸训练、技术训练

无氧无乳酸训练模式在力量—有氧供能板块小周期中并不是最重要的内容，但是它的作用不容忽视。运用交替训练中的速度跑训练可以动员快肌纤维，而在进行中等强度训练时这些快肌纤维并不能被激活。由于在速度跑中的短期氧亏将在随后的有氧练习中得到补偿，所以在这样的训练中，Ⅰ型肌纤维和Ⅱ型肌纤维都能得到额外的氧化刺激。同时，速度跑的另外一个贡献是能够打破训练的单调性，激发运动员在力量—有氧供能训练课中的积极性。

在以力量—有氧供能板块小周期训练模式为主的中周期训练中，技术训练是非常重要的一个部分。许多技术训练需要大量的中等负荷练习才能强化技术细节和基本技术。这些技术特征包括长时间有氧训练过程中的动作自动化、动作技术经济性、动作幅度、用力阶段的紧张与放松、外界环境改变的有效适应和疲劳耐受力等。

第二节　转换板块中周期的训练内容安排特征

转换板块中周期在整个大周期中起着承上启下的作用。在转换中周期中，训练量会适当减少，训练强度会加大。从能量代谢的角度考虑，转换板块中周期的主要目标是提升ⅡA 型肌纤维的能量输出。这一类型的肌纤维主要应用于相对高强度的无氧活动，而这种能力正是篮球运动员所需要的。根据具体的训练时间，训练强度应该控制在 85%～95%。从力量训练的角度考虑，力量训练转入力量速度部分是在速度介入的情况下达到增强力量的目的。考虑到综合能量代谢系统的要求，这一中周期力量训练的目的是提升运动员速度、力量、耐力的能力。由于训练强度的要求高，转换板块中周期的持续时间一般不超过 4 周。

表 5-3 是转换板块中周期的一个周训练计划，从中我们可以看出体能训练的特征。第一，转换板块中周期体能训练的内容包括热身、力量、康复、体能以及放松拉伸。第二，力量训练采用 12RM、10 RM、8 RM、6 RM 的安排，力量训练的目标肌群是ⅡA 型肌纤维，主要发展力量速度。第三，康复性的体能训练贯穿整个体能训练计划。第四，速度、灵敏等素质的训练明显结合了篮球运动专项的特点，比如，采用上步训练、“U”形障碍物训练、钻石形灵敏素质训练、肌肉的快速伸缩复合训练、加速跨栏跑训练等。第五，核心部位力量训练一直贯穿整个体能训练计划。第六，每周进行 5 次力量训练。

表 5–3　转换板块中周期周训练计划示例

日期	训练计划
星期一	a 热身　a1. 腰腹训练（支撑）　a2. 移动热身　a3. 下午训练开始进行 7 个引体向上 b 力量　力量房 12 RM，10 RM，8 RM，6 RM c 康复　腰，膝盖，脚踝 d 体能　运动员素质发展：d1. 7 厘米跨栏×7　d2. 12 厘米跨栏×7　d3. 腰带皮筋运球 e 放松拉伸
星期二	a 热身　a1. 腰腹（实心球×30）　a2. 移动热身　a3. 下午训练开始进行 7 个引体向上 b 力量　力量房 12 RM，10 RM，8 RM，6 RM c 康复　腰，膝盖，脚踝 d 体能　运动员素质发展：d1. 实心球传接×10（单腿×5）d2. 跳绳×45 秒 + 纵跳×15　d3. 跳箱×20 e 放松拉伸
星期三	a 热身　a1. 腰腹训练（×40）　a2. 移动热身　a3. 下午训练开始进行 7 个引体向上 b 力量　力量房 12 RM，10 RM，8 RM，6 RM c 康复　腰，膝盖，脚踝 d 体能　运动员素质发展：脚步速度梯子 e 放松拉伸
星期四	a 热身　a1. 腰腹训练（实心球腰腹×30）　a2. 移动热身 b 力量　力量房 12 RM，10 RM，8 RM，6 RM c 康复　腰，膝盖，脚踝 d 体能　运动员素质发展：d1.“T”形脚带皮筋训练（6～8）×30 秒　d2. 实心球传接×10 e 放松拉伸
星期五	a 热身　a1. 腰腹训练（瑞士球腰腹）　a2. 移动热身 b 力量　力量房 12 RM，12 RM，12 RM c 康复　腰，膝盖，脚踝 d 体能　运动员素质发展：干扰—防守—干扰（6～8）×30 秒 e 放松拉伸
星期六	比赛

转换中周期主要以力量—无氧糖酵解板块小周期主导训练模式为主。力量—无氧糖酵解板块小周期主导训练模式主要针对ⅡA型肌纤维的能量输出。在这一板块小周期中，力量训练是在介入一定速度的情况下达到增强力量目的的训练。由于目标肌群是ⅡA型肌纤维，因此，力量训练的方法手段、负荷强度、间歇时间、训练频率等主要针对ⅡA型肌纤维的能量输出。无氧糖酵解供能能力的训练是指在安排运动员除力量外的其他素质训练时，充分考虑到ⅡA型肌纤维的能量输出。此小周期主要实现力量训练与无氧糖酵解供能能力训练在ⅡA型目标肌纤维群上的统一。

转换中周期还需要其他兼容的训练模式，以达到互相影响、互相促进的训练效果（表5–4）。最大速度训练有助于那些主要靶目标为提高最大糖酵解功率的短时间训练课的功率输出，并且能丰富训练的内容；低强度有氧训练是不可或缺的部分，主要包括拉伸和放松活动；高强度的力量—无氧乳酸主导训练模式会增加运动员机体的疲劳，动作技术的训练可以消除由此带来的消极后果。

表5–4　力量—无氧糖酵解板块小周期主导的训练模式与兼容训练模式

主导训练模式	兼容训练模式
力量—无氧乳酸训练模式	最大速度、低强度有氧、动作技术训练

第三节　实现板块中周期的训练内容安排特征

实现板块中周期是为比赛做准备，使运动员在重大比赛中的竞技能力达到巅峰状态。这一中周期的持续时间一般为1～3周。从能量代谢的角度考虑，实现板块中周期的主要目标是提升ⅡB型肌纤维的能量输出。从力量训练的角度考虑，实现中周期的力量训练以速度、力量为主要导向，即在不失力量的前提下，满足提高速度的要求。每周的力量训练由4～5次变为3次。实现板块中周期要求运动员以90%～100%的强度进行训练。

表5-5是实现板块中周期的一个周训练计划，从中我们可以看出体能训练的特征。第一，体能训练的内容包括热身、力量、体能与放松拉伸。第二，力量训练采用10 RM、4 RM、4 RM、4 RM的安排，训练的目标肌群为ⅡB型肌纤维，注重发展运动员的速度、力量。训练在不失力量的情况下，应满足提高速度的要求。第三，核心力量的训练一直贯穿整个体能训练计划。第四，体能训练更多地加入了篮球专项技术的内容。第五，比赛中未打满12分钟的运动员要加练4×4速度耐力训练。

表5-5　实现板块中周期周训练计划示例

日期	训练计划
星期一	a 热身　a1. 腰腹训练（支撑）　a2. 移动热身　a3. 下午训练开始进行7个引体向上 b 力量　力量房 10 RM，4 RM，4 RM，4 RM c 体能　运动员素质发展：c1. 3/4场地×10　c2. 篮球专项技术体能 d 放松拉伸
星期二	a 热身　a1. 腰腹（实心球×30）　a2. 移动热身　a3. 下午训练开始进行7个引体向上 b 力量　实心球 c 体能　运动员素质发展：c1. 实心球传接×10（单腿×5）　c2. 篮球专项技术体能 d 放松拉伸
星期三	a 热身　a1. 腰腹训练（×40）　a2. 移动热身　a3. 下午训练开始进行7个引体向上 b 力量　力量房 10 RM，4 RM，4 RM，4 RM c 体能　运动员素质发展：c1. 脚步速度梯子　c2. 篮球专项技术体能 d 放松拉伸

续表

日期	训练计划
星期四	a 热身　a1. 腰腹训练（实心球腰腹×30）　a2. 移动热身 b 力量　根据主要的要求安排克服自身体重或橡皮带的练习 c 体能　运动员素质发展：c1. 加速跑×20　c2. 实心球传接×10 篮球专项技术体能 d 放松拉伸
星期五	a 热身　a1. 腰腹训练（瑞士球腰腹）　a2. 移动热身 b 力量　力量房 12 RM，12 RM，12 RM c 体能　运动员素质发展：加速跑×10（依据主教练的要求） d 放松拉伸
星期六	比赛（未打满 12 分钟的运动员加练 4×4 速度耐力训练）

实现板块中周期主要以力量—无氧板块小周期训练模式为主。力量—无氧糖酵解板块小周期的主导训练模式主要针对ⅡB 型肌纤维的能量输出。在这一板块小周期中，力量训练是以速度—力量为导向的旨在提高专项力量的力量训练。由于目标肌群是ⅡB 型肌纤维，因此，力量训练的方法手段、负荷强度、间歇时间、训练频率等主要针对ⅡB 型肌纤维的能量输出。无氧能力（ATP–CP）的训练是指安排运动员除力量之外的其他素质训练时，充分考虑到ⅡB 型肌纤维的能量输出。此小周期主要实现力量训练与无氧 ATP–CP 供能能力训练在ⅡB 目标肌纤维群上的统一。

在力量—无氧板块小周期中，力量—无氧训练模式是主导、核心的训练模式。这一小周期是实现中周期最为重要的部分，其目的在于为即将到来的重大比赛做准备。因此，专项模拟训练是这一板块小周期的主要训练内容，而最大力量、技术训练作为重要的兼容训练模式对运动员机体的恢复具有重要的意义（表 5–6）。

表 5–6　力量—无氧板块小周期主导的训练模式与兼容训练模式

主导训练模式	兼容训练模式
力量—无氧训练模式	最大力量、技术训练

参考文献

[1] 杨桦. 论篮球运动的本质、特征及规律. 成都体育学院学报[J]. 2001：27（4）：60–62.

[2] 田麦久. 运动训练学[M]. 北京：人民体育出版社，2000.

[3] 黎涌明. 人体运动的本质[J]. 体育科学，2014，34（2）：11–17.

[4] 练碧贞，陈金英，李占平. CBA 运动员力量训练安排的研究[J]. 北京体育大学学报，2009，32（3）：105–106.

[5] 王保成，匡鲁彬，谭朕斌. 篮球运动员体能训练的基本理论与内容[J]. 首都体育学院学报，2001，13（3）：38–46.

[6] 王玉瑾，王大川. 篮球运动供能特征及体能训练研究[J]. 广州体育学院学报，2007，27（2）：61–63，69.

[7] 池建，苗向军，米靖，等. 现代竞技篮球比赛负荷特征研究[J]. 北京体育大学学报，2007，30（2）：145–148.

[8] 米靖，苗向军，张勇，等. 我国高水平篮球比赛负荷特征研究[J]. 北京体育大学学报，2008，31（3）：404–407.

[9] 林风炎，丁丽萍. WCBA 与 WNBA 女子篮球运动员的身高、体重、年龄特征比较研究[J]. 中国体育科技，2004，40（2）：58–59.

[10] 潘志国. NBA 教练授课特点分析[J]. 湖北体育科技，2016，35（6）：516–518.

[11] 张英波. 人体动作模式的稳定性与灵活性[J]. 中国体育教练员，2012，20（3）：33–34.

[12] 冯利正，潘魏. 中美篮球体能训练比较研究[J]. 中国体育教练员，2007（2）：34–36.

[13] 陈小平. “神经支配能力”的训练——我国力量训练一个亟待解决的问题[J]. 中国体育教练员，2004（4）：25–26.

[14] 陈方灿. 体能康复训练的价值和功能[J]. 体育科研，2011，32（4）：27–29.

[15] 潘志国，李元伟. 中国国家女子篮球队体能训练特征研究[J]. 中国体育科技，2016，52（5）：120–125.

[16] 罗陵. 现代篮球体能训练指导[M]. 北京：人民体育出版社，2009.

[17] 美国 NBA 体能教练员协会. 篮球体能训练[M]. 北京：人民体育出版社，2009.

[18] 陈方灿. 康复性体能训练的理念和方法[J]. 中国体育教练员，2006（3）：4–5.

[19] 刘新征，蒋纯金，赵志明. 中国篮球运动体能训练理念创新研究[J]. 北京体育大学学报，2009，32（05）：111–113.

[20] 徐自升，岳建军，李可可. WCBA 与 WNBA 球员不同位置的身高、体重、年龄对比与分析[J]. 武汉体育学院学报，2006，40（3）：86–88.

[21] 潘志国. 陶宇佳备战十二届全运会赛前训练研究[J]. 山东体育科技，2014（5）：58–61.

[22] 潘志国. 中国国家女篮体能训练周期安排研究[C]. 第十二届中国体育科学学会论文集，2022：20–21.

[23] BOYLE M，VERSTEGEN M，COSGROVE A . Advances in Functional Training：Training Techniques for Coaches，Personal Trainers and Athletes [J]. Education Citizenship & Social Justice，2009，1（1）：59–82.

[24] COOK G，BURTON L，KIESEL K, et al. Movement：functional movement systems—screening，assessment and corrective strategies[M]. Aptos: On Target Publication, 2010.

[25] TUDOR O. BOMPA，G. GREGORY H. Periodization Theory and Methodology of Training（Fifth Edition）[M]. Champaign：Human Kinetics，2011.

[26] PAUL G. Strength & Conditioning for Team Sports：Sport–specific physical preparation for high performance（2nd ed.）[M]. London & New York：Routledge，2013.

[27] THOMAS R. B，ROGER W. E. Essentials of strength and Conditioning [M]. Champaign：Human Kinetics Publishers，2008.

[28] BEN R. NSCA'S Developing Endurance[M]. Champaign：Human Kinetics，2013.

[29] JEFFREY M. W. NSCA'S Developing the Core[M]. Champaign：Human Kinetics，2013.

[30] IAN J. NSCA'S Developing Speed. [M]. Champaign：Human Kinetics，2013.

附 录

附录1 2008—2011年度中国女篮集训阶段体能训练测试结果

中国女篮在集训阶段的体能测试内容主要包括以下几个方面。第一，力量能力。上肢力量测试选择卧推和坐姿下拉。卧推主要测试运动员胸大肌的力量能力，坐姿下拉测试运动员背阔肌的力量能力。下肢力量测试腿部蹬伸。测试没有选择传统的深蹲模式，这主要是出于安全的考虑。第二，速度能力。速度能力的测试选择半场冲刺。第三，灵敏能力。灵敏性测试采用“L”形三点折返跑。每两点距离为5米，运动员从A点快速到B点，然后返回A点，再从A点经B点到C点，然后由C点经B点返回A点。第四，爆发力。爆发力测试选择原地纵跳。第五，专项耐力。专项耐力测试为3×5或4×5端线折返跑，即3组或4组5个全场往返跑，每组间歇2分钟。此项测试对不同位置的运动员有不同的要求。1号位和2号位每组测试结果不能慢于1分1秒，3号位不能慢于1分3秒，4号位和5号位不能慢于1分7秒。第六，柔韧性。柔韧性测试选择坐位体前屈。

附表 1　2008 年中国女篮集训阶段体能测试结果

姓名		卧推（次）	坐姿下拉（次）	腿蹬伸（次）	½场地冲刺（秒）	“L”形灵敏测试（秒）	纵跳（英寸）
XIAO×	1.	23	11	26	2.30	8.46	19.6
	2.	37	27	70	2.12	7.99	20.5
	差异	**+14**	**+16**	**+44**	**–0.18**	**–0.47**	**+0.9**
SHAO××	1.	23	12	27	2.32	8.53	23.7
	2.	25	35	86	2.15	8.14	24.7
	差异	**+2**	**+23**	**+58**	**–0.17**	**–0.39**	**+1**
TIAN ×	1.	23	22	49	2.54	8.77	17.6
	2.	32	41	98	2.22	8.18	21.4
	差异	**+9**	**+19**	**+49**	**–0.32**	**–0.59**	**+3.8**
HAN ×	1.	12	9	20	2.30	8.59	17.7
	2.	20	13	40	2.23	8.18	20.0
	差异	**+8**	**+4**	**+20**	**–0.07**	**–0.39**	**+2.3**
ZHANG ×	1.	05	08	82	2.32	8.48	20.9
	2.	17	15	65	2.38	8.20	19.4
	差异	**+12**	**+7**	**–17**	**+0.06**	**–0.28**	**–0.15**
SU ×	1.	30	13	65	2.30	8.78	18.7
	2.	29	30	100	2.30	8.18	20.9
	差异	**–1**	**+17**	**+35**	**0**	**–0.6**	**+2.2**
MIAO ×	1.	25	16	30	2.12	8.72	21.3
	2.	37	34	80	2.06	8.06	24.6
	差异	**+12**	**+18**	**+50**	**–0.06**	**–0.66**	**+3.3**

续表

姓名		卧推（次）	坐姿下拉（次）	腿蹬伸（次）	½场地冲刺（秒）	“L”形灵敏测试（秒）	纵跳（英寸）
BIAN ×	1.	13	07	45	2.56	9.00	16.5
	2.	13	16	100	2.28	8.28	18.5
	差异	**0**	**+9**	**+55**	**–0.26**	**–0.32**	**+2.4**
ZHAN ×	1.	24	17	46	2.31	9.21	18.7
	2.	30	25	63	2.31	8.32	20.7
	差异	**+6**	**+9**	**+17**	**0**	**–0.99**	**=2.00**
LIU××	1.	12	07	25	2.48	9.43	18.9
	2.	16	20	80	2.36	8.39	20.4
	差异	**+4**	**+13**	**+45**	**–0.12**	**–0.56**	**+1.5**
CHEN ×	1.	15	11	46	2.34	9.09	19.2
	2.	15	24	60	2.31	8.40	19.6
	差异	**0**	**+13**	**+14**	**–0.03**	**–0.22**	**+0.4**
CHEN ×	1.	28	20	40	2.41	9.64	18.1
	2.	32	32	60	2.41	8.50.	17.6
	差异	**+4**	**+12**	**+20**	**0**	**–1.14**	**–0.05**
LIU ×	1.	20	16	38	2.48	9.06	17.2
	2.	20	25	40	2.60	9.09	18.7
	差异	**0**	**+9**	**+2**	**–0.12**	**+0.03**	**+1.5**
ZENG××	1.	17	10	50	2.60	8.91	18.5
	2.	22	21	74	2.46	8.42	18.5
	差异	**+5**	**+11**	**+24**	**–0.14**	**–0.49**	**0**
ZHANG××	1.	30	20	63	2.58	9.01	17.4
	2.	27	31	72	2.46	8.48	17.6
	差异	**–3**	**+11**	**+9**	**–0.12**	**–0.52**	**+0.2**

注：第一次测试时间为 4 月 11 日；第二次测试时间为 6 月 13 日。

附表 2　2009 年中国女篮集训阶段体能测试结果

姓名		卧推（次）	坐姿下拉（次）	腿蹬伸（次）	½ 场地冲刺（秒）	"L"形灵敏测试（秒）	纵跳（英寸）	3×5（分）
XIAO×	1.	30	30	30	2.20	7.44	22.1	3.25
	2.	58	36	115	2.15	7.28	23.1	3.16
	差异	**+28**	**+6**	**+85**	**–0.05**	**–0.16**	**+1.0**	**–0.09**
YANG ×	1.	30	25	50	2.04	6.87	22.1	3.07
	2.	60	35	100	2.04	6.83	22.1	3.07
	差异	**+30**	**+10**	**+50**	**0**	**–0.04**	**0**	**0**
CHEN×	1.	21	26	30	2.25	7.54	20.2	3.06
	2.	52	48	78	2.15	7.20	22.4	3.03
	差异	**+31**	**+22**	+48	**–0.1**	**–0.34**	**+2.4**	**–0.03**
MA×	1.	25	20	40	2.37	7.63	17.0	3.20
	2.	47	31	100	2.21	7.40	18.5	3.00
	差异	**+22**	**+11**	**+60**	**–0.16**	**–0.23**	**+1.5**	**–0.20**
JI ×	1.	24	21	25	2.28	7.59	21.3	3.17
	2.	65	51	175	2.15	7.08	21.3	3.03
	差异	**+41**	**+30**	**+150**	**–0.13**	**–0.51**	**0**	**–0.14**
GAO ×	1.	21	17	42	2.21	7.61	20.9	3.13
	2.	60	45	180	2.11	6.87	21.4	3.04
	差异	**+39**	**+28**	**+138**	**–0.10**	**–0.74**	**+0.5**	**–0.09**
BIAN×	1.	10	15	37	2.31	7.63	16.1	3.53
	2.	49	46	92	2.23	7.32	17.9	3.36
	差异	+39	+31	+55	**–0.08**	**–0.31**	+1.8	**–0.27**
ZHANG×	1.	12	10	56	2.20	7.70	20.9	3.12
	2.	33	23	150	2.06	6.83	22.6	3.03
	差异	**+21**	**+13**	**+94**	**–0.14**	**–0.87**	**+1.7**	**–0.09**

续表

姓名	卧推（次）	坐姿下拉（次）	腿蹬伸（次）	½ 场地冲刺（秒）	“L”形灵敏测试（秒）	纵跳（英寸）	3×5（分）
ZHANG× 1.	24	32	50	2.31	8.42	18.7	3.20
2.	56	53	160	2.19	7.51	21.0	3.10
差异	**+32**	**+21**	**+110**	**–0.12**	**–0.91**	**+2.3**	**–0.10**
JI × 1.	45	30	135	2.21	7.40	21.5	3.19
2.	78	66	142	2.13	7.12	22.9	3.13
差异	+33	+36	+7	**–0.08**	**–0.28**	+1.4	**–0.06**
GUAN × 1.	21	18	43	2.30	8.26	17.7	3.27
2.	35	45	110	2.30	8.00	18.6	3.20
差异	**+14**	**+27**	**+67**	**0**	**–0.26**	**+0.9**	**–0.07**
CHEN× 1.	30	25	50	2.41	8.18	17.1	3.43
2.	45	68	96	2.33	8.03	18.3	3.36
差异	+15	+43	+46	**–0.08**	**–0.15**	+1.2	**–0.07**
LU × 1.	16	18	45	2.48	8.85	14.2	3.39
2.	36	48	72	2.40	8.52	16.3	3.28
差异	**+20**	**+30**	**+27**	**–0.08**	**–0.32**	+2.1	**–0.11**
WEI × 1.	4	30	45	2.60	8.25	16.0	3.39
2.	41	46	105	2.50	8.15	18.0	3.20
差异	**+37**	**+16**	**+60**	**–0.10**	**–0.10**	**+2.0**	**–0.19**
ZHANG× 1.	21	17	54	2.54	8.11	17.4	3.37
2.	25	50	77	2.35	7.77	18.5	3.25
差异	**+4**	**+33**	**+23**	**–0.19**	**–0.24**	**+1.1**	**–0.12**
HUANG××1.	18	18	60	2.37	8.58	17.4	3.38
2.	40	33	101	2.35	7.60	20.1	3.30
差异	**+22**	**+15**	**+41**	**–0.02**	**–0.98**	**+2.7**	**–0.08**

注：第一次测试时间为 4 月 1 日；第二次测试时间为 7 月 1 日。卧推标准为 50 公斤，坐姿下拉标准为 40 公斤，腿部蹬伸标准为 230 公斤。

附表 3　2010 年中国女篮集训阶段体能测试结果

姓名	卧推（次）	坐姿下拉（次）	腿蹬伸（次）	½ 场地冲刺（次）	“L”形灵敏测试（秒）	纵跳（英寸）	4×5（分）
HUANG××1.	1	27	27	2.45	7.21	22.4	4:15
2.	13	55	60	2.32	7.10	23.6	
差异	**+12**	**+28**	**+33**	**−0.13**	**−0.11**	+1.2	
LIU ××1.	00	25	55	2.68	9.42	12.6	5:00
2.	12	46	78	2.51	8.40	16.8	
差异	+12	+21	+23	**−0.17**	**−0.12**	+4.2	
CHEN×× 1.	07	26	60	2.32	7.49	19.3	4:17
2.	12	45	105	2.20	7.29	22.3	
差异	**+5**	**+19**	**+45**	**−0.12**	**−0.2**	**+3.0**	
LI×× 1.	05	22	41	2.40	7.39	18.9	4:15
2.	17	35	71	2.30	7.09	20.1	
差异	**+12**	**+13**	**+31**	**−0.10**	**−0.39**	**+1.2**	
ZHANG××1.	00	20	60	2.38	7.30	20.9	4:21
2.	7	37	80	2.19	7.00	22.1	
差异	**+7**	**+17**	**+20**	**−0.19**	**−0.30**	**+1.2**	
DING××1.	00	21	41	2.34	7.56	18.2	4:19
2.	08	37	80	2.20	7.25	19.2	
差异	**+8**	**+16**	**+39**	**−0.14**	**−0.31**	**+1**	
MIAO×× 1.	11	31	70	2.28	7.01	22.4	
2.	22	49	88	2.19	6.98	23.6	
差异	+11	+18	+18	**−0.09**	**−0.03**	+1.2	
JI×× 1.	03	30	50	2.45	7.59	17.2	4:32
2.	14	55	110	2.25	7.20	21.7	
差异	**+11**	**+25**	**+60**	**−0.2**	**−0.39**	**+4.5**	

续表

姓名	卧推（次）	坐姿下拉（次）	腿蹬伸（次）	½ 场地冲刺（次）	“L”形灵敏测试（秒）	纵跳（英寸）	4×5（分）
ZHANG××1.	05	32	78	2.45	7.65	19.4	4:32
2.	16	46	79	2.40	7.26	21.2	
差异	**+11**	**+14**	**+1**	**–0.05**	**–0.39**	**+1.8**	
MA ×× 1.	01	25	57	2.52	7.69	16.0	4:29
2.	11	40	80	2.40	7.40	18.5	
差异	**+10**	**+15**	**+23**	**–0.12**	**–0.29**	**+2.5**	
GAO×× 1.	07	20	45	2.40	7.80	21.8	4:45
2.	14	40	81	2.30	7.53	22.8	
差异	**+7**	**+20**	**+36**	**–0.1**	**–0.27**	**+1.0**	
GUAN×× 1.	00	23	60	2.67	8.19	16.5	4:38
2.	10	40	150	2.35	7.49	18.5	
差异	**+10**	**+17**	**+90**	**–0.32**	**–0.8**	**+2.0**	
SONG×× 1.	00	11	36	2.67	8.30	14.1	4:41
2.	03	30	48	2.45	8.00	20.4	
差异	**+3**	**+19**	**+12**	**–0.22**	**–0.3**	**+6.3**	
WEI×× 1.	00	21	37	2.84	8.56	15.5	5:10
2.	02	42	100	2.49	8.14	17.9	
差异	**+2**	**+21**	**+63**	**–0.35**	**–0.42**	**+2.4**	
HUANG××1.	0	21	62	2.71	8.30	17.5	5:06
2.	12	40	101	2.40	7.88	20.5	
差异	**+12**	**+19**	**+39**	**–0.31**	**–0.52**	**+3.0**	
CHEN× 1.	12	35	60	2.61	7.55	16.4	
ZHANG ×1.	6	30	60	2.42	7.46	19.1	

注：第一次测试时间为 4 月 1 日；第二次测试时间为 7 月 1 日。卧推标准为 40 公斤，坐姿下拉标准为 50 公斤，腿部蹬伸标准为 230 公斤。

附表 4　2011 年中国女篮集训阶段体能测试结果

姓名	卧推（次）	坐姿下拉（次）	腿蹬伸	½ 场地冲刺	“L”形灵敏测试（秒）	纵跳（英寸）	体前屈（厘米）	4×5（分）
YANG 1.	10	29	55	2.32	7.45	18.4	51	4:25
2.	15	57	101	2.07	7.05	22.6		
差异	**+5**	**+28**	**+46**	**–0.25**	**–0.45**	**+4.2**		
LIU× 1.	00	25	06	2.86	8.52	16.4	47	5:10
2.	08	50	45	2.65	7.95	18.2		
差异	**+8**	**+25**	**+39**	**–0.21**	**–0.57**	**+1.8**		
CHEN× 1.	07	17	38	2.44	7.75	18.6	50	4:30
2.	15	49	98	2.10	7.15	23.1		
差异	**+8**	**+32**	**+60**	**–0.34**	**–0.6**	**+4.5**		
SHI× 1.	07	20	56	2.40	7.52	21.4	65	4:20
2.	14	48	99	2.10	7.08	23.4		
差异	**+7**	**+28**	**+43**	**–0.3**	**–0.44**	**+2.0**		
ZHAO× 1.	03	10	0	2.65	8.09	20.4	35	4:13
2.	11	32	65	2.12	7.35	23.4		
差异	**+8**	**+22**	**+65**	**–0.53**	**–0.75**	**+3.0**		
DIN× 1.	02	22	10	2.57	7.63	18.2	47	4:27
2.	11	40	75	2.25	7.10	21.3		
差异	**+9**	**+18**	**+65**	**–0.32**	**–0.53**	**+3.1**		
MIAO 1.	8	25	70	2.22	7.11	22.1		
2.	22	46	82	2.11	7.06	23.3		
差异	+14	+21	+12	**–0.11**	**–0.05**	+1.2		

续表

姓名		卧推（次）	坐姿下拉（次）	腿蹬伸	½ 场地冲刺	“L”形灵敏测试（秒）	纵跳（英寸）	体前屈（厘米）	4×5（分）
JI ×	1.	4	32	45	2.47	7.60	17.5		
	2.	18	48	68	2.36	7.42	19.5		
	差异	**+14**	**+16**	+23	–0.11	**–0.18**	+2.0		
ZHANG	1.	07	31	70	2.50	8.02	19.1	54	4:39
	2.	17	50	110	2.35	7.51	20.9		
	差异	**+10**	**+19**	**+40**	**–0.15**	**–0.51**	**+1.8**		
GAO	1.	10	30	0	2.75	8.42	15.2	58	4:41
	2.	16	55	80	2.25	7.51	20.5		
	差异	**+6**	**+25**	**+80**	**–0.50**	**–0.91**	**+5.3**		
GUAN	1.	02	30	56	2.64	8.25	16.5	46	4:39
	2.	12	60	130	2.30	7.40	18.9		
	差异	**+10**	**+30**	**+74**	**–0.34**	**–0.85**	**+2.4**		
LU×	1.	06	23	50	2.60	7.79	19.2	42	4:49
	2.	11	55	110	2.40	7.15	22.1		
	差异	**+5**	**+22**	**+60**	**–0.20**	**–0.64**	**+2.9**		
WEI×	1.	0	30	10	2.86	8.83	13.4	52	5:06
	2.	5	51	85	2.60	7.81	15.8		
	差异	**+5**	**+21**	**+75**	**–0.26**	**–1.02**	**+2.4**		
HUANG×	1.	5	22	21	2.69	8.46	17.1	54	5:13
	2.	13	45	109	2.39	7.88	20.4		
	差异	**+8**	**+23**	**+88**	**–0.3**	**–0.58**	**+3.3**		

续表

姓名		卧推（次）	坐姿下拉（次）	腿蹬伸	½ 场地冲刺	“L”形灵敏测试（秒）	纵跳（英寸）	体前屈（厘米）	4×5（分）
CHEN	1.	5	26	75	2.35	7.65	19		
	2.	16	43	100	2.25	7.45	20.1		
	差异	**+11**	**+17**	**+25**	**–0.1**	**–0.2**	**+1.1**		
JI ×	1.	2	14	45	2.46	7.75	23.4	37	4:56
	2.	10	48	90	2.30	7.15	24.6		
	差异	**+8**	**+34**	**+45**	**–0.16**	**–0.6**	**+1.2**		
WU ×	1.	1	20	37	2.39	7.44	19.4	52	4:25
	2.	9	35	88	2.28	6.95	22.1		
	差异	**+8**	**+15**	**+51**	**–0.11**	**–0.49**	**+2.7**		
LU ×	1.	0	10	45	2.59	8.06	18.0	70	4:53
	2.	7	32	98	2.31	7.46	22.0		
	差异	**+7**	**+22**	**+53**	**–0.28**	**–0.6**	**+4**		
SHI ×	1.	3	16	40	2.61	7.83	18.0	54	4:44
	2.	10	35	85	2.41	7.32	19.0		
	差异	**+7**	**+19**	**+45**	**–0.2**	**–0.51**	**+1**		

注：第一次测试时间为 4 月 11 日；第二次测试时间为 6 月 13 日。卧推标准为 40 公斤，坐姿下拉标准为 50 公斤，腿部蹬伸标准为 230 公斤。

附录2　NBA体能教练协会推荐的体能测试结果评分表

附表5　纵跳弹跳力得分对照表

女（厘米）	男（厘米）	得分
≥53.34	≥86.36	10
50.8	81.28	9
48.26	76.20	8
45.72	71.12	7
43.18	66.04	6
40.64	60.69	5
38.10	55.88	4
35.56	50.80	3
33.02	45.72	2
≤30.48	≤40.64	1

注：纵跳测试主要用来衡量运动员下肢的爆发力。测试需要站立摸高和纵跳摸高这两个参数。测试流程如下。（1）指尖涂上粉笔。（2）侧身靠墙站立，然后尽力原地向上跳起，用指尖在尺上留下记号（注意起跳前不要助跑）。（3）试跳三次，记录下最好成绩。（4）站立摸高和原地纵跳摸高的差额为该运动员的弹跳力。

附表 6　18.288 米折返跑得分对照表

女（秒）	男（秒）	得分
≤4.5	≤4.0	10
4.8	4.3	9
5.1	4.6	8
5.4	4.9	7
5.7	5.2	6
6.0	5.5	5
6.3	5.8	4
6.6	6.1	3
6.9	6.4	2
≥7.2	≥6.7	1

注：18.288 米折返跑练习主要测试运动员的灵敏性。18.288 米折返跑练习主要是测量运动员的加速跑、减速跑以及变向能力。测试流程如下。(1) 在平坦的地面上（最好是球场或田径场）贴上 5.08 厘米长的胶带作为中线，在中线的两侧 4.57 米处分别贴上胶带作记号。(2) 请教练员或同伴帮助记录时间。(3) 双脚横跨在中线两侧，一只手放在中线上。(4) 哨音一响，冲向一端的记号线，手脚同时触线。(5) 变向，穿过中线，冲向另一侧记号线，手脚同时触线。(6) 变向，冲过中线。(7) 当第二次穿过中线时，练习结束。试跑三次，记录最好成绩。

附表 7　274.32 米折返跑得分对照表

女（秒）	男（秒）	得分
≤50.9	≤45.9	10
51～52.9	46～47.9	9
53～54.9	48～49.9	8
55～56.9	50～51.9	7
57～58.9	52～53.9	6
59～60.9	54～55.9	5
61～62.9	56～57.9	4
63～64.9	58～59.9	3
65～66.9	60～61.9	2
≥67.0	≥62.0	1

注：274.32 米折返跑主要是测量运动员的无氧耐力。测试流程如下。（1）在平坦的地面上（最好是球场或田径场）测量并标出 22.86 米的长度。（2）跑向 22.86 米标记线，脚踩线，然后转身，跑回起点。不间断往返 6 次。（3）休息 5 分钟，重复做折返跑。（4）记录两次成绩的平均数。

附表 8　俯卧撑体能等级得分对照表

女（次）	男（次）	得分
≥30	≥60	10
27～29	55～59	9
24～26	50～54	8
21～23	45～49	7
18～20	40～44	6
15～17	35～39	5
12～14	30～34	4
9～11	25～29	3
6～8	20～24	2
≤5	≤19	1

注：俯卧撑、引体向上测试主要用来衡量运动员上肢和腹部的肌肉力量和耐力。俯卧撑测试流程如下。(1) 正确的俯卧撑开始动作为，双臂伸直，双手平撑地，拇指位于腋窝的下方，手指前伸，双肩、后背、臀部和双腿展平，脚尖点地。(2) 在胸部下方的地面上放一条卷起的毛巾。(3) 放低身体，直至胸部接触毛巾，然后撑直手臂，抬高身体。(4) 记录所完成的次数。从胸部接触毛巾开始到手臂伸直、身体抬高为一次。

附表 9　引体向上体能等级得分对照表

女（次）	男（次）	得分
≥9	≥16	10
8	14～15	9
7	12～13	8
6	10～11	7
5	8～9	6
4	6～7	5
3	4～5	4
2	3	3
1	2	2
0	≤1	1

注：引体向上测试流程如下。（1）双手正握杠，双肩展开，双臂完全伸展，悬挂杠上。单杠必须有一定高度，能使人在完全伸展的情况下悬挂杠上，且双脚不着地。（2）用力向上拉直至下颌越过横杠，然后回到完全伸展的开始位置。（3）记录完成的次数。要求下颌必须越过横杠，手臂完全伸直，身体不能摆动。（4）在 5 秒内不能连续完成第二次，测试即告结束。

附表 10　坐位体前屈体能等级得分对照表

女（厘米）	男（厘米）	得分
≥30.48	≥25.4	10
+25.4	+20.32	9
+20.32	+15.24	8
+15.24	+10.16	7
+10.16	+5.08	6
+5.08	0	5
0	–5.08	4
–5.08	–10.16	3
–10.16	–15.24	2
≤–15.24	≤–20.32	1

注：坐位体前屈测试主要是测量大腿后侧肌群和腰部的柔韧性。测试流程如下。（1）坐在地板上，双腿前伸，脚底顶住楼梯的最低层台阶侧边，双脚分开 15.24 厘米。（2）在第一层台阶上放一把尺子，尺子悬空朝向测试者。尺子的零点刻度在脚底的位置。如果手臂前伸超过脚，即得正分；如果手臂前伸不够到脚，即得负分。（3）双脚一定要伸直，手臂向前够时，腰部慢慢向前倾，双手并排，手掌向下。（4）双手尽量向脚尖伸。每次坚持 2 秒，试测三次，记录最好成绩。

附表 11　身体脂肪含量等级得分对照表

女（%）	男（%）	得分
12.0～13.5	6～7.5	10
13.6～15	7.6～9	9
15.1～16.5	9.1～10.5	8
16.6～18	10.6～12	7
18.1～19.5	12.1～13.5	6
19.6～21	13.6～15	5
21.1～22.5	15.1～16.5	4
22.6～24	16.6～18	3
24.1～25.5	18.1～19.5	2
≤25.6	≤19.6	1

注：身体的脂肪含量是身体是否匀称的一个重要指标。篮球运动员的脂肪含量过高，在球场上就很容易疲劳。大多数 NBA 运动员的身体脂肪含量不高于 10%，这也确保了他们身材匀称，肌肉发达。

测试脂肪含量的最佳途径是水下称重法，这种方法代价高昂，需要精密仪器和训练有素的专业人士。最简单易行的方法就是使用皮肤褶皱卡钳。皮肤褶皱测试指用卡钳测量身体 3～7 处皮肤厚度，将每一处的测量结果相加，然后根据自己的年龄和性别，参照相应的标准，得出脂肪含量百分比。理想的篮球运动员的脂肪含量标准是男 6%～14%，女 12%～20%。

附录 3　人体主要肌肉解剖图

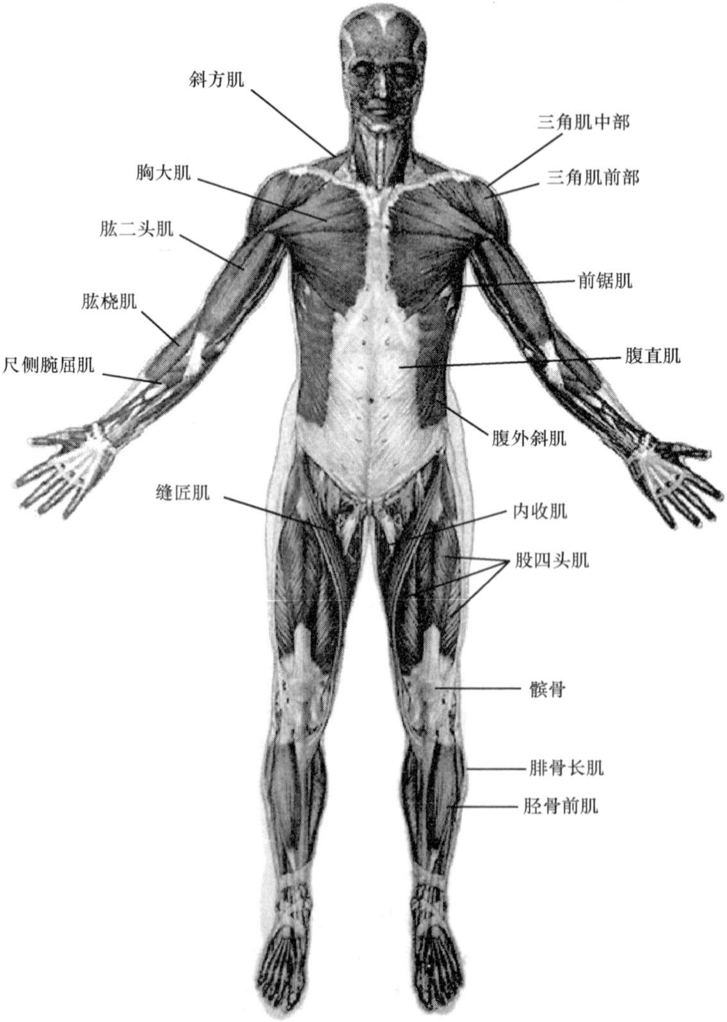

附图 1　人体主要肌肉解剖图（正面）

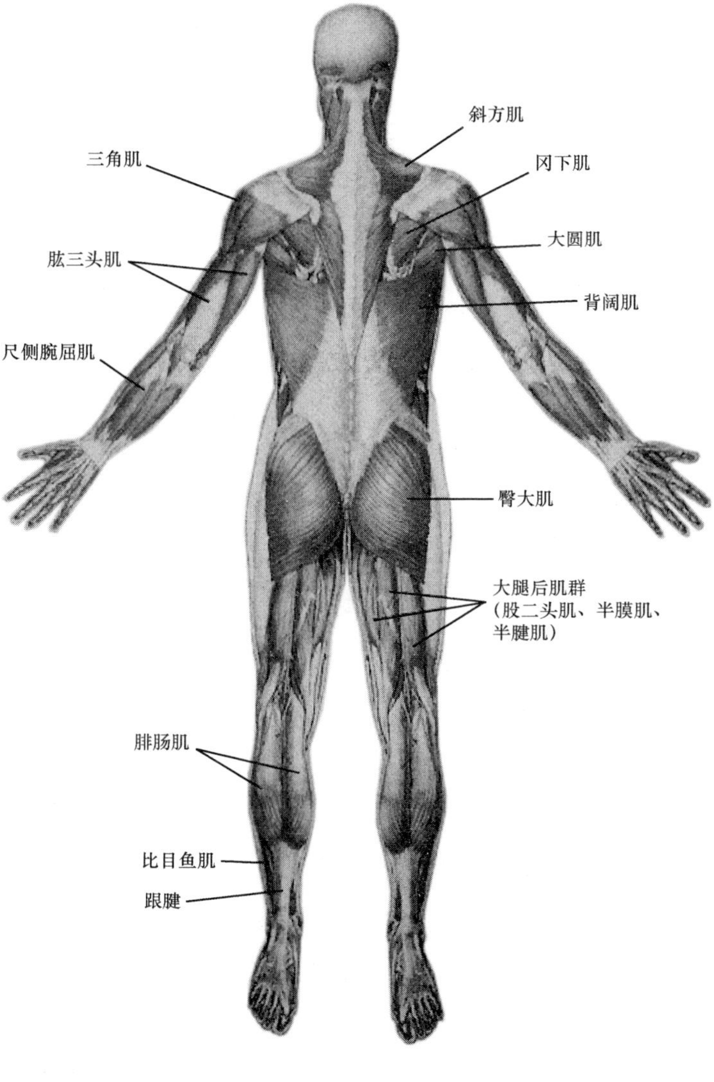

附图 2　人体主要肌肉解剖图（背面）

附录4　力量训练主要工作肌肉对照表

附表12　力量训练主要工作肌肉一览表

上肢		下肢和身体躯干部位	
练习	工作的肌肉	练习	工作的肌肉
平躺卧推 斜板卧推 撑双杠	胸大肌 三角肌前部 肱三头肌	悬垂举腿 仰卧起坐 收腹练习	腹直肌 腹斜肌 髂腰肌 肱二头肌
引体向上 坐拉	背阔肌 大圆肌 肱桡肌 肱二头肌	直腿拉 俯卧挺身	臀肌 竖脊肌 髂腰肌 髂肋肌 股二头肌 半膜肌 半腱肌
实力推 坐推	三角肌 肱三头肌 斜方肌上部 冈上肌 前锯肌	下蹲 仰卧蹬腿 弓步 踏台阶	股直肌 股内侧肌 股中间肌 股外侧肌 臀肌 竖脊肌
坐提拉 侧提拉	背阔肌 大圆肌 三角肌后部 肱二头肌 竖脊肌 肱桡肌	腿部伸展	股四头肌
哑铃侧平举	三角肌 斜方肌 冈上肌	后抬腿	股二头肌 半腱肌 半膜肌

续表

上肢		下肢和身体躯干部位	
练习	工作的肌肉	练习	工作的肌肉
直立提拉	斜方肌 三角肌 肱二头肌 肩胛骨提肌 肱桡肌	器械牵拉外展肌	肩胛提肌 阔筋膜张肌 臀中肌 臀小肌
伸前臂三头肌下压	肱三头肌 肘肌	器械牵拉内收肌 弓箭步侧压	耻骨肌 股薄肌 短收肌 长收肌 大收肌
杠铃/哑铃肱 二头肌屈伸	肱肌	直立提踵	腓肠肌 比目鱼肌

附录 5　国家队体能达标测试评分标准

附表 13　国家队基础体能评分标准

评分	BMI		坐位体前屈（厘米）	30m冲刺（秒）	垂直纵跳（厘米）		深蹲相对力量	卧推相对力量	引体向上（次）		腹肌耐力（秒）	背肌耐力（秒）	二选一			
													3000 米（分）		2000 米测功仪（分）	
	男	女			男	女			男	女			男	女	男	女
10	＜18	＜20	≥40	≤4.5	≥55	≥50	＞1.2	＞1.2	≥40	≥35	≥120	≥120	≤11:00	≤11:30	≤8:00	≤9:00
9	18.0～18.3	20.0～20.3	39	4.6	54	49	—	—	39	34	115～119	115～119	11:01～11:30	11:31～12:00	8:01～8:30	9:01～9:30
8	18.4～18.7	20.4～20.7	38	4.7	53	48	1.1	1.1	38	33	110～114	110～114	11:31～12:00	12:01～12:30	8:31～9:00	9:31～10:00
7	18.8～19.1	20.8～21.1	37	4.8	52	47	—	—	37	32	105～109	105～109	—	—	—	—
6	19.2～19.5	21.2～21.5	36	4.9	51	46	—	—	36	31	100～104	100～104	12:01～12:30	12:31～13:00	9:01～9:30	10:01～10:30
5	19.6～19.9	21.6～21.9	35	5.0	50	45	1.0	1.0	35	30	90～99	90～99	—	—	—	—
4	20.0～20.3	22.0～22.3	34	5.1	47～49	42～44	—	—	31～34	26～29	80～89	80～89	—	—	—	—
3	20.4～20.7	22.4～22.7	31～33	5.2	43～46	38～41	0.9	0.9	27～30	22～25	70～79	70～79	—	—	—	—
2	20.8～21.1	22.8～23.1	28～30	—	39～42	34～37	0.8	0.8	23～26	18～21	60～69	60～69	13:01～13:30	13:31～14:00	10:01～10:30	11:01～11:30
1	21.2～22.0	23.2～24.0	25～27	—	35～38	30～33	0.7	0.7	18～22	13～17	30～59	30～59	13:31～14:00	14:01～14:30	10:31～11:00	11:31～12:00
0	＞22	＞24	＜25	＞5.2	＜35	＜30	≤0.6	≤0.6	＜18	＜13	＜30	＜30	＞14:00	＞14:30	＞11:00	＞12:00

注：各项指标得分计算四舍五入，精确到小数点后相应位数。

附表 14　躯干稳定性和上下肢左右侧力量均衡性评分标准

评分	左 45°（秒）	右 45°（秒）	左 135°（秒）	右 135°（秒）	左 90°（秒）	右 90°（秒）	0°（秒）	180°（秒）	评分	上肢比值（%）	下肢比值（%）	评分	男子上肢（瓦特/千克）	男子下肢（瓦特/千克）	女子上肢（瓦特/千克）	女子下肢（瓦特/千克）
10	≥120								5	<1		5	≥6	≥17	≥4	≥13
9	115～119								4	1～1.1		4	5.7～5.9	16.0～16.9	3.5～3.9	12.0～12.9
8	110～114								3	3.2～5.4		3	5.4～5.6	15.0～15.9	3.0～3.4	11.0～11.9
7	105～109								2	5.5～7.7		2	5.1～5.3	14.0～14.9	2.5～2.9	1.0～10.9
6	100～104								1	7.8～10		1	4.2～5.0	12.0～13.9	1.5～2.4	8.0～9.9
5	90～99								0	>10		0	<4.2	<12	<1.5	<8
4	80～89															
3	70～79															
2	60～69															
1	—															
0	<60															

注：得分计算四舍五入，精确到相应小数点位数。